OSHO

No culpes a tu karma

Traducción del inglés de Esperanza Moriones Alonso

editorial Kairós

Título original: Don't Blame Your Karma

Este libro es la transcripción original de un trabajo original en hindi titulado *Satya Ka Anveshan*, una colección de discursos que Osho dio ante una audiencia. Todos los discursos de Osho han sido publicados íntegramente en inglés y están también disponibles en audio. Las grabaciones originales de audio y el archivo completo de textos se pueden encontrar on-line en la OSHO Library de la www.osho.com.

© de la traducción del inglés al castellano: Esperanza Moriones Alonso
Revisión: Alicia Conde
Fotocomposición: Florence Carreté. 08008 Barcelona

Diseño cubierta: Katrien van Steen
Impresión y encuadernación: Romanyà-Valls. 08786 Capellades

Primera edición: Noviembre 2024
ISBN: 978-84-1121-294-6
Depósito legal: B 17.530-2024

Este libro ha sido impreso con papel que proviene de fuentes respetuosas con la sociedad y el medio ambiente y cuenta con los requisitos necesarios para ser considerado un «libro amigo de los bosques».

Sumario

Prólogo

El origen de tu sufrimiento es la mente.
No estás sufriendo por culpa de tu karma del pasado.

Tú mismo te estás inventando tu sufrimiento porque tu verdadera naturaleza es la dicha. El sufrimiento requiere un gran esfuerzo: tienes que planificarlo, tienes que merecerlo. Significa ir en contra de tu propia naturaleza, por eso es tan difícil. Significa nadar contracorriente. Significa estar en conflicto permanente con la naturaleza.

La naturaleza no conoce el futuro, siempre está aquí. La naturaleza siempre está aquí en este mismo momento y nada más. Los árboles están creciendo en este momento y los ríos están fluyendo en este momento. Todo ocurre en este momento, excepto tu mente. Incluso tu cuerpo está creciendo en este momento, tu sangre está circulando en este momento, tu corazón está latiendo en este momento. Todo está aquí y ahora, excepto tu mente. La mente está muy lejos.

Y esa mente es el origen de tu sufrimiento. No, en realidad, no es que estés sufriendo por culpa de un karma del pasado. No, en realidad, no es que Dios te haya predestinado para sufrir. No, en realidad, no es que estés sufriendo porque Adán y

Eva cometieran un pecado. Todas esas cosas son trampas para eludir la responsabilidad, y vale cualquier cosa, por ejemplo, Adán y Eva... Los pobres Adán y Eva se han convertido en chivos expiatorios. Y cuando esta parábola pierda vigencia, como ocurre con todas las parábolas y todas las metáforas al cabo de un tiempo –cuando se convierte en un cliché y acaba perdiendo su potencial y su poder–, te inventarás algo nuevo.

Después surgió la teoría del karma: has hecho tantas cosas malas en tus vidas pasadas que ahora tendrás que sufrir por eso. Deja de culpar a tus vidas pasadas. En tus vidas pasadas eras igual. También sufrías. La causa de tu sufrimiento está aquí y ahora y no es por culpa de tus vidas pasadas. Esto solo te sirve para quitarte un peso de encima, pero es muy peligroso, porque así nunca podrás cambiar, siempre seguirás siendo el mismo. ¿Cómo puedes corregir tus vidas pasadas? Ya se fueron y no puedes hacer nada al respecto. Ahora no te queda otra posibilidad que sufrir.

O también puedes echarle la culpa a tu suerte, a tu destino... Nadie te quiere hacer daño, Dios no es un malvado, no te ha predestinado para sufrir. Si fuera así, Dios sería un sádico, un enfermo, y sería mucho peor que el diablo: ¿cómo va a predestinar a unos pobres inocentes a sufrir sin motivo alguno? Si fuera así, la existencia sería muy injusta, sería parcial y no valdría la pena vivir. Y la religión sería una farsa. Dios no te ha predeterminado ni te ha predestinado a sufrir. Esto también fue perdiendo cada vez más fuerza en la mente de las personas, porque lo repitieron demasiado tiempo, y entonces renunciaron a la idea del karma. Cuando renunciaron a la idea de la predestinación, surgieron otras ideas nuevas.

Karl Marx estaba en contra de la religión, pero, en última instancia, no cambia nada. Dice que es una necesidad histórica, en otras palabras, está hablando del destino. Tu sufrimiento ha sido predeterminado por la historia: estás sufriendo por culpa de tu destino económico, por culpa de la lucha de clases. El sufrimiento no desaparecerá mientras no desaparezcan las clases sociales. Esto consiste en volver a quitarte un peso de encima, porque ¿qué puedes hacer tú? Cuando llegue la utopía, cuando llegue el comunismo a la Tierra, desaparecerá el sufrimiento. Si hay sufrimiento es por culpa de los ricos, el que provoca el sufrimiento es el capitalista. El propio capitalista, sin embargo, también está sufriendo. De hecho, los ricos sufren más que los pobres. ¿Por qué? Porque los ricos tienen todo lo necesario para no sufrir, pero se han dado cuenta de la inutilidad de todo eso, de su futilidad. Su sufrimiento es inmenso.

El pobre sufre porque pasa hambre. El rico no sufre por pasar hambre, sino porque, a pesar de vivir en una buena casa, tener una buena mujer, una familia cálida y un entorno agradable, en su interior sabe que sigue pasando hambre, hambre espiritual. Su vida no tiene sentido, no tiene un objetivo, es puramente accidental, está vacía. Y eso le genera un profundo sufrimiento. El pobre sufre físicamente, pero el rico sufre psicológicamente.

¿Por qué sufren los ricos? Si solo fuera una cuestión de riqueza, los ricos no sufrirían; pero una vez más, esto es una coartada, es una justificación para poder seguir haciendo lo mismo y continuar con los antiguos patrones. Actualmente se ha demostrado que esto también era una falacia y se ha convertido en otro cliché.

Entonces llegó Sigmund Freud y se inventó algo nuevo. Dijo: «Estás sufriendo por culpa de los instintos y las pasiones inconscientes de la naturaleza animal que hay en tu interior. El ser humano sufre por culpa de esas heridas que hay en su inconsciente». Y ¿qué podemos hacer con el inconsciente?

Estamos dando diferentes nombres a la misma trampa, a la misma estrategia: «Yo no soy el responsable». Siempre es algo distinto... El inconsciente, la historia, la economía, Dios, el destino, el karma...; todo vale, puedes llamarlo como quieras, cualquier cosa vale. Pero hay una cosa que está muy clara, y es que «yo no soy el que provoca mi sufrimiento». Y es justamente ahí donde reside todo el sufrimiento, en esto consiste la trampa.

Tienes que entenderlo: la causa de tu propio sufrimiento eres tú y nadie más. El primer paso para ser religioso es reconocer este hecho. Deja de echarle la culpa a los demás y reconoce que «yo soy la causa de mi sufrimiento». Cuando lo reconozcas, te provocará tristeza, evidentemente, y te sentirás un poco estúpido. Si tú eres la causa, ¿por qué te empeñas en seguir haciéndote sufrir a ti mismo? El hecho es que a ti no te gusta sufrir...

Al principio te sentirás un poco triste, tonto, sorprendido, confundido, pero enseguida sentirás una gran liberación. Si tú eres la causa de tu infelicidad, también puedes ser la causa de tu bien, de tu dicha, y eso te otorga mucha libertad porque te libera del karma del pasado, te libera del destino o de la suerte, te libera de la historia, te libera de la psicología. Te libera de todas esas excusas. Cuando hayas localizado la verdadera causa, las cosas empezarán a cambiar.

Philosophia Perennis, Serie 2, Capítulo 11

1. Bondad, belleza y verdad

Amados míos.

En nuestras vidas y en toda la existencia hay un gran misterio. Si analizamos la vida en profundidad, veremos que se divide en tres partes. El número tres es un número muy misterioso. Cuando las personas religiosas hablaban del número tres, esta idea nos podía causar gracia, pero hoy en día, incluso los científicos han aceptado el misterio del número tres. El análisis atómico, además de la explosión atómica de la materia, ha revelado algo muy sorprendente. La energía que compone toda la existencia está constituida por tres partículas: el neutrón, el protón y el electrón. Y esa misma energía universal se manifiesta de tres formas para crear todo el universo.

Hace algunos días estuve en un templo de Shiva y le pregunté al sacerdote del templo: «¿Qué representa el tridente de Shiva?». El sacerdote me contestó: «Shiva siempre tiene un tridente y no representa nada».

Este tridente, sin embargo, surgió de la sabiduría de los sabios de la antigüedad y simboliza el tres. En el mundo hay miles de templos, y todos han intentado plasmar el número tres de múltiples formas. Los cristianos dividen la existencia en Dios Padre, su hijo Jesús y el Espíritu Santo. Los hindúes tienen la trinidad de Brahma, Visnú y Mahesh.

Es curioso que la función de los tres –Brahma, Visnú y Mahesh– sea parecida a la del neutrón, el protón y el electrón. Brahma representa el poder creador, Visnú representa el poder de preservar, y Mahesh o Shiva representan el poder de la destrucción.

El número tres se manifiesta de muchas maneras en la vida humana. Los que han experimentado la divinidad, la dividen en tres aspectos: *sat, chit, anand*, verdad, conciencia y dicha. Los que han estudiado más profundamente al ser humano, lo han dividido en tres partes: *satyam, shivam, sundaram*, la verdad, la bondad y la belleza.

También hay que saber que toda la aritmética está basada en los múltiplos de tres. Es posible que nunca te hayas parado a pensar por qué solo hay nueve dígitos. El resto de los números son una extensión de estos nueve dígitos, y el nueve surge multiplicando tres por tres. Es muy sorprendente que, si multiplicas cualquier número por nueve, la suma de los dígitos siempre sea nueve. Por ejemplo, si multiplicas nueve por dos, el resultado es dieciocho, y si sumas los dos dígitos de dieciocho, uno y ocho, el resultado es nueve. Si multiplicas nueve por tres el resultado es veintisiete, y dos y siete suman nueve. Si le sumas nueve a cualquier número que escojas entre millones o miles de millones de números, el total siempre será nueve.

La existencia está vacía, y esto es algo que se escapa a nuestra comprensión, pero si la separamos en tres partes se vuelve comprensible por primera vez. Y cuando esta trimurti se multiplica, la existencia se hace visible por primera vez a nuestros ojos. Cuando la trimurti se sigue multiplicando hasta el infinito, se manifiesta la extensión infinita de la existencia.

Nos interesa analizar esta triple naturaleza del ser humano. El núcleo más interno de una persona es la verdad. La verdad significa que una persona se conoce como realmente es, es la relación de una persona con su verdadero ser. La belleza está en la periferia de la verdad. Una persona puede conectarse con la naturaleza, y, sin embargo, no estar necesariamente conectada consigo misma. Cuando una persona se conecta con la naturaleza, se produce el fenómeno de la belleza. Y la bondad es la parte más externa, la circunferencia exterior del ser humano. La bondad se refiere a la relación de una persona con los demás. De modo que la bondad se refiere a la relación social de una persona, la belleza se refiere a su relación con la naturaleza, y la verdad es su relación con su propio ser.

Fuera de nosotros está el mundo de la naturaleza, en el exterior está el mundo de los hombres, y luego está nuestro ser. Si dibujas tres círculos en torno al hombre, tres círculos concéntricos con el hombre en el centro, el círculo más cercano pertenece a la verdad. El segundo círculo es el de la belleza, el mundo de la conexión con la naturaleza, y el tercer círculo es el de la bondad, el círculo de la relación del hombre con los demás.

La bondad está en la posición más externa, por eso es esencial desde una perspectiva social. La sociedad no piensa en la religión más allá de la moralidad. Para la sociedad, la moralidad es el fin: la sociedad se conforma con que seas bueno con los demás, no pide nada más. Si tu interacción con los demás es buena, la sociedad habrá cumplido su deber. La sociedad, por tanto, puede funcionar simplemente con la moralidad y no necesita la religión ni la filosofía. Alcanza su propósito con la moralidad, que es ser bueno con los demás.

A la sociedad no le importa que seas bueno con la naturaleza, y ni siquiera le importa que seas bueno contigo mismo. No le importa que encuentres la verdad en tu interior, ni le importa que te identifiques con la belleza de la luna y las estrellas. Lo único que le importa es esto: que tus relaciones con los demás sean buenas. Ese es el motivo por el que la sociedad pone todo su empeño en la bondad. La sociedad respeta a quienes hayan alcanzado la bondad en su vida, como los santos y los sabios.

En la profundidad de la existencia, sin embargo, la bondad es la parte menos honda, es el aspecto más superficial. De ahí que los santos sean personas que raramente tienen un ser profundo. Comparados con los santos, la naturaleza y el ser de los poetas y los artistas son mucho más profundos. El ser de alguien que está conectado con la luna y las estrellas es más profundo que el de los santos.

Una persona que se conecta con la luna y las estrellas puede conectarse fácilmente con otras personas y no encuentra dificultad en ello. Alguien que se conecta con los demás, sin embargo, no se conecta necesariamente con la luna y las estrellas. Cuando una persona ha experimentado la belleza profundamente, también encuentra la bondad. Cuando alguien encuentra la belleza, también alcanza la bondad, porque la bondad es la máxima expresión de la belleza. Y cuando alguien encuentra la belleza no puede soportar la fealdad de ser malo. Ser malo es feo. Si una persona que ha practicado la bondad quiere reconocer también la belleza, tendrá que escoger.

Purushottam Das Tandon propuso que había que enterrar los templos de Khajuraho, Konarak y Puri, por considerar que las estatuas que hay en esos templos no eran decentes. Son bellas, pero, al parecer, no están conectadas con la bondad. En las paredes de los templos de Khajuraho hay pinturas representando actos sexuales y estatuas de bellas mujeres desnudas. Purushottam Das pensaba que había que enterrarlas bajo tierra y Gandhi estaba de acuerdo con su propuesta. Si no hubiese sido porque Rabindranath Tagore se opuso, estos incalculables tesoros históricos de la India habrían sido enterrados. A Rabindranath le parecía sorpendente que alguien hiciese una propuesta semejante. Tandon era un hombre de bondad y le bastaba con que todo fuera correcto. No se debía tolerar ninguna verdad que pudiera dar lugar a pensamientos erróneos en nuestra mente. Estaba dispuesto a aceptar incluso la fealdad, pero siempre que condujera a la bondad.

De ahí que en los países donde los sacerdotes tienen una gran influencia, también es donde hay muy poco respeto por la belleza. Nuestro país, lamentablemente, es uno de ellos. En este país no se respeta la belleza. La belleza está mal vista, la belleza ha caído en desgracia. Cuando el conde Keyserling regresó a Alemania después de haber estado en la India, escribió: «Mi concepción de la India es que la fealdad es una cualidad espiritual, y la enfermedad es una cualidad espiritual.

Estar sucio es un requisito previo en el camino de la búsqueda espiritual».

Los monjes jainistas no se bañan. Cuanto más huelan a sudor, mayor será la prueba de su profunda práctica espiritual. No se lavan los dientes. Cuando te acercas, lo primero que sientes es repugnancia, y luego te das cuenta de que esa persona a la que te has acercado es un monje. La India respeta la bondad y esto se ha convertido en un veneno mortal para el sentido de la belleza. A mi parecer, Gandhi es el símbolo de la bondad por excelencia.

La bondad es lo que está en la periferia del hombre, es lo más superficial, solo es el primer peldaño de la escalera. No es muy profunda. A la «gente buena» solo le importa su relación con los demás, lo único que tienen en cuenta es cómo deberían comportarse con los demás, pero nunca piensan en cómo *son*. Nunca piensan que además del hombre, también existe el mundo, las piedras, los ríos y las montañas. Si limitamos la infinita existencia solo a la sociedad humana, el mundo y la vida se quedan muy reducidos.

Y, por añadidura, también existe el riesgo de que el hombre que practica la bondad se convierta en un hipócrita. No siempre se convierte en un hipócrita, pero hay un riesgo porque solo vive en la periferia. Ha querido comprender la vida por fuera, pero no desde sus raíces. Está queriendo vivir la vida en su florecimiento, está queriendo limpiar la fachada exterior de la vida. Pule su carácter, bebe agua filtrada, piensa en todo tipo de cosas para saber si algo está bien o está mal, si una acción es buena o no, pero a lo largo de toda esta deliberación, siempre se queda en la periferia. No es capaz de profundizar.

En mi opinión, Gandhi es el símbolo de la bondad por excelencia, es la bondad personificada. Si alguien se desarrolla de una forma equivocada, se convertirá en una persona como Hitler, y si una persona es buena, será como Gandhi. Sin embargo, los dos están en la capa exterior.

Quizá no sepas que Hitler no fumaba ni comía carne. Todas las noches se acostaba a la misma hora y se levantaba muy temprano. Nunca se casó. Observando su vida, tiene todas las virtudes de un asceta, sin embargo, no ha habido nadie peor que Hitler en la Tierra.

Tienes que reflexionar un poco sobre esto. Si Hitler hubiese fumado algún cigarrillo, bebido algunas copas y comido carne de vez en cuando, tengo la sensación de que el mundo no habría padecido tanto por su culpa, como ocurrió finalmente. Si hubiese amado a una mujer o hubiese hablado en secreto con la mujer de su vecino de vez en cuando, el mundo no habría tenido que padecer todo lo que ocurrió. Era un hombre cerrado por los cuatro costados y a todos lo niveles. Cuando alguien quiere ser bueno a toda costa y en todo al mismo tiempo, al final surge la fealdad, y esta se manifiesta a gran escala.

Esto explica por qué a todos los que practican la no violencia les sale la violencia por los ojos, la nariz y las manos. A los que practican el celibato les persiguen los pensamientos sexuales las veinticuatro horas del día. A los que ayunan de vez en cuando… Si hay algún desafortunado entre vosotros que haya ayunado, sabrá que te pasas todo el día pensando en comida, y por la noche solo puedes soñar con comida.

Cuando alguien se impone hacer el bien a toda costa, el resultado no es la bondad, sino la hipocresía y la perversión. Cuando alguien practica la bondad siendo plenamente consciente, entonces no se convierte en hipocresía, sino que forma parte de su carácter, de una personalidad buena, aunque simplemente sea algo que está en la periferia y no llegue muy hondo.

El segundo círculo es el de la belleza. El comportamiento está en la circunferencia de la bondad, y el sentido estético que llevamos dentro, el sentido de la belleza y la sensibilidad para comprender y experimentar la belleza, están en el segundo círculo. Gandhi es la personificación del primer círculo –el símbolo del éxito–, así como considero que Hitler es un ejemplo del gran fracaso en el primer círculo. Rabindranath es el símbolo de un hombre de éxito en el segundo círculo. La belleza lo es todo en su vida.

Me contaron que una vez Rabindranath invitó a Gandhi a su casa. Gandhi solía dar un paseo por la tarde, y le preguntó a Rabindranath si le apetecía acompañarle. Rabindranath dijo: «Espera, voy a peinarme». Por supuesto, esto era algo que se escapaba a la comprensión de Gandhi. La idea de preocuparse de estar peinado siendo una persona mayor, le parecía ridícula. Cualquier santo pensaría igual que él. Si se hubiese tratado de otra persona, Gandhi habría contestado algo inmediatamente, pero como se trataba de Rabindranath, no se atrevió. Gandhi se quedó callado. Si le hubiese criticado, estaría manifestando su desacuerdo, aunque su silencio también era una objeción.

Rabindranath entró en su casa. Pasaron cinco minutos y seguía sin salir. Al cabo de diez minutos todavía no había vuelto. Esto acabó poniendo a prueba la paciencia de Gandhi que entró en la casa para buscarlo, y se encontró a Rabindranath delante de un espejo de cuerpo entero peinándose su blanco cabello, tan ensimismado que se había olvidado del paseo. Gandhi le preguntó: «¿Qué estás haciendo? No entiendo por qué te preocupa tanto tu cabello a tu edad». Rabindranath se giró. Su rostro tenía la expresión de estar en meditación profunda, y dijo: «Cuando era joven solía salir sin peinarme, pero, desde que me he hecho viejo, tengo la manía de peinarme».

Mientras estaban paseando, se pusieron a charlar, y Rabindranath dijo: «Muchas veces pienso que si le parezco feo a una persona, le estoy haciendo infeliz. Y hacer infeliz a alguien es violento. Si le parezco bello, la estoy haciendo feliz, y generar felicidad no es violento».

Rabindranath dice que parecerle bello a una persona es hacerla feliz, y generar felicidad es no violencia. Y parecerle feo a alguien es generar infelicidad, y provocar infelicidad es violencia. Lo que está diciendo Rabindranath, por lo tanto, es que su moralidad le dicta que siempre debería estar bello. Y añade que solo quiere que la divinidad le otorgue hasta su último aliento: no volverse feo, no perder su belleza.

Y sorprendentemente, Rabindranath, a medida que envejecía, se fue volviendo más bello. Hay muy poca gente que haya llegado a ser tan bella como Rabindranath antes de morir. Mirando a Rabindranath en su lecho de muerte, su cabello blanco y la barba de su rostro parecían las cumbres nevadas del Himalaya, parecía cubierto de nieve, como si se hubiese convertido en la montaña Gaurishankar.

La belleza estaba tan profundamente asentada en la mente de Rabindranath que consideraba la bondad como un aspecto de la belleza, y la maldad como un aspecto de la fealdad. Un hombre malo no es malo por sus malas acciones, es malo porque está siendo feo. Y la acción de una persona mala es mala porque sus malas acciones conllevan malos resultados. Es una objeción contra la fealdad. No es una objeción contra la inmoralidad, es una objeción contra la fealdad. Y si lo que un monje aporta a la vida es la fealdad, Rabindranath estará en su contra.

Quien haya experimentado la belleza, aunque solo sea un poco, entrará en un mundo que está más allá del mundo de los humanos, en un mundo que es mucho mejor. Normalmente, solo vivimos en el mundo de los humanos, y aun así tampoco vivimos totalmente en el mundo de los humanos. Vivimos parcialmente, aunque estemos ahí. Además de los humanos, están los árboles, las piedras, las montañas, están la luna y las estrellas, está el cielo. Hay un inmenso espacio a nuestro alrededor, pero no estamos conectados con él.

Hace algún tiempo, se llevó a cabo una encuesta entre colegiales de Londres. En esta encuesta, un millón de niños respondieron que nunca habían visto una vaca, y setecientos mil respondieron que nunca habían visto una granja. Estos niños que nunca han visto una vaca ni una granja están completamente desconectados de la existencia. No se relacionan con la existencia. Su única relación es con el mundo de los humanos.

Hoy, justamente, estaba leyendo un libro. El autor de este libro propone que la tierra es escasa y el número de personas que habitan en la tierra ha ido aumentando, y que deberíamos empezar a plantearnos vivir bajo tierra. La humanidad debería prepararse para vivir bajo tierra. Tiene razón. Si la población sigue aumentando a este ritmo, la gente tendrá que vivir bajo tierra. Entonces es posible que ni siquiera nos conectemos con el sol, ni tengamos conexión con la luna y las estrellas. Estaremos apartados de la naturaleza. Nuestra única realidad será la humanidad, nuestra única realidad serán las cosas que produce el hombre: las fábricas, las máquinas, las casas, los otros humanos. Será un mundo hecho por el hombre.

Un mundo hecho por el hombre, sin embargo, solo es una pequeña parte de esta inmensa existencia. Si tenemos en cuenta todo el universo, esto no es casi nada. Cuando vemos toda la extensión del universo, ¿qué es el mundo humano en comparación? Nada. ¿Y la Tierra? Tampoco nada. ¿Y el sol? Incluso eso no es nada. Somos parte de esa nada en el universo. En esa parte que no es nada, el mundo humano no es nada. Y en esta nada que es el mundo, cada ser humano vive en relación con otros diez o cincuenta seres humanos. Lógicamente, en su vida no puede haber mucha profundidad.

Hay otra cosa que debemos saber, y es que nuestras relaciones con los demás están basadas en las expectativas, es una relación de expectativas. Por ese motivo, las relaciones no pueden ser del todo bellas. Siempre que hay una expectativa, aparece la fealdad. Nuestras relaciones con los demás se basan en la oferta y la demanda, son asuntos en los que intervienen la oferta y la demanda. Pero no creas que solo se basan en esto las relaciones que hay entre un jefe y un empleado. Incluso la relación entre un marido y una mujer se basa en la oferta y la demanda. Nos relacionamos con los demás basándonos en ciertas condiciones.

El día que nos relacionemos con el mundo a través de la belleza, seremos incondicionales por primera vez, Y siendo incondicionales, nuestras relaciones tendrán cierta profundidad. Cuando somos condicionales, nuestras relaciones tienen una profundidad diferente, que no es profundidad. La relación con la belleza lleva al ser humano a profundizar en su ser. Los poetas, los pintores, los bailarines, los escultores y los músicos son creadores de belleza y son gente que vive una vida de belleza.

La poesía, la belleza y la música no han calado hondo en nuestras vidas por culpa de la poderosa influencia de los sacerdotes. Los sacerdotes siempre han temido que la belleza no conduzca hacia la inmoralidad, pero, de hecho, lo único que nos puede hacer más morales es apreciar más profundamente la belleza, de lo contrario, nunca seremos morales. Cuanto más profundamente aprecie alguien la belleza, más sensible será; y cuanto más sensible sea, más le costará ser inmoral. Entender la belleza no te conduce a la inmoralidad. Lo que puede conducirte a la inmoralidad es la falta de comprensión de la belleza.

Si un hombre le paga diez rupias a una prostituta por hacer el amor con él, yo no lo considero tan inmoral, porque simplemente demuestra que hay una falta del sentimiento de belleza. El sentimiento de belleza no existe. Si un hombre cree que puede comprar el amor por diez rupias, es porque no tiene un sentido estético. Si un hombre compra el amor con dinero, es porque en su vida no hay profundidad del ser.

Si compramos a una mujer para toda la vida, en ese caso, no hay inconveniente. Es un contrato permanente y quizá por eso consideramos inmorales a los que van a las prostitutas, pero no hay mucha diferencia entre un contrato permanente y un contrato temporal. Solo es una diferencia de tiempo de vigencia del contrato, nada más. No somos conscientes de la belleza. Una persona que realmente entiende la belleza no puede convertir a otra persona en su marido o su mujer, porque ser el marido o la mujer de alguien es un contrato. El amor no es un contrato.

Si aumenta el amor en el mundo, es posible que la familia encuentre una nueva estructura. En esa estructura el hecho de poseer a un marido o a una mujer ya no existirá. Será una relación natural basada en los sentimientos, y no basada en una firma en un registro civil. El hecho de que la unión haya tenido lugar en un registro civil o tocando música delante de un sacerdote, no cambia las cosas. Es lo mismo que sea una firma religiosa o una firma laica.

El segundo círculo, más profundo, es comprender la belleza, y esto eleva a la persona por encima del mundo de los hombres conectándola con el infinito. Rabindranath es para mí un ejemplo del segundo círculo. Y merece la pena entender que alguien no es necesariamente bueno por estar en el segundo círculo, aunque tenga más probabilidades de serlo. También es posible que alguien del primer círculo no sea únicamente bueno, no obstante, siempre le costará más entender la belleza.

El tercer círculo es el de la verdad, donde una persona se relaciona con su ser, pero no desde el exterior, sino desde el interior: se relaciona con su ser interno, con *brahman*, con el ser, con lo que es. ¿Cuánto tiempo puedo seguir relacionándome solamente con los humanos? ¿Y cuánto tiempo puedo seguir relacionándome solo con la luna y las estrellas? En algún momento, tendré que conectar con mi ser. El tercer tema es la verdad, y Aurobindo es un ejemplo de ello. Él buscaba lo interior, lo más profundo, era una búsqueda interior para entender «¿Quién soy?». Cuando un individuo alcanza la verdad, naturalmente también alcanza la bondad y la belleza. Por eso Aurobindo es tan extraordinario en lo que respecta a sus actos. No es inferior a Gandhi. Al escribir *Savitri* demostró que su comprensión de la belleza no era inferior a la de Rabindranath. Aurobindo no obtuvo el Premio Nobel de poesía, pero no fue porque su poesía fuera inferior a la Rabindranath, sino porque quienes decidían a quién se otorgaba el Premio Nobel no entendieron su obra *Savitri*. Aurobindo también buscaba el ser interno, buscaba su propio ser. Aurobindo es un ejemplo de la verdad.

He escogido estos tres ejemplos de la vida real para que podamos verlo con claridad, sin embargo, ninguno de ellos puede alcanzar la liberación –ni Gandhi, ni Rabindranath, ni Aurobindo–, porque estos tres círculos pertenecen a la existencia. La liberación empieza más allá de la existencia. Si te detienes en el buen comportamiento, seguirás siendo esclavo. Si te detienes en la belleza, también seguirás estando atado. Si te detienes en el ser, también serás esclavo. El primer nudo está más lejos, el segundo está un poco más cerca, y el tercero está al lado, pero los tres siguen siendo ataduras. Incluso aunque estés perdido en tu propio ser interno, seguirás siendo esclavo y te quedarás ahí. Esto es debido a que la realidad del ser universal está más allá del ser.

El «yo», está aquí y el «no yo» está más allá. Esa no existencia tiene su propia realidad, que no es la realidad de la naturaleza, sino la realidad de la existencia cósmica, de donde surge la naturaleza y donde vuelve a desaparecer. Si me detengo en la moralidad, seguiré formando parte de la sociedad. Si me detengo en la naturaleza, seguiré siendo parte de la naturaleza. Si me detengo en mi ser, seguiré siendo parte de la conciencia, pero aun así no seré parte de toda la existencia.

Solo puede alcanzar la libertad, la libertad total, quien vaya más allá de estos tres círculos. La verdad, la bondad y la belleza son tres estados emocionales del hombre, pero cuando vas más allá de estos tres estados, trasciendes las emociones. Estás más allá de la mente. Entonces habrás ido más allá de la mente. *Samadhi* es un término que significa ir más allá de estos tres estados.

Hay dos maneras de trascender estos tres círculos. Ramana es el ejemplo de la primera manera, y Krishnamurti es el ejemplo de la segunda. Una manera de trascender los tres círculos es que los tres se conviertan en silencio, de modo que no quede ninguno de los tres y desaparezcan. Igual que las olas en el mar desaparecen en el océano y no queda ni una sola ola, la bondad, la belleza y la verdad también desaparecen. Las tres se convierten en silencio. Ramana ha alcanzado el *samadhi* no activo y las tres se han quedado en silencio. La bondad no tiene ningún influjo, la belleza no tiene ningún influjo, y la verdad no tiene ningún influjo. Las olas de las tres han desaparecido. Este es el *samadhi* no activo. El camino de la liberación comienza con Ramana.

Krishnamurti es lo contrario de Ramana. Él también está en el cuarto nivel, pero es opuesto a Ramana. En Ramana los tres niveles se quedan en silencio, mientras que en Krishnamurti los tres están despiertos y en equilibrio. Los tres tienen el mismo influjo y los tres se manifiestan al mismo tiempo. Aurobindo escribe poesía, pero la forma de hablar de Krishnamurti es poesía. No necesita escribirla. El propio ser de Krishnamurti es poesía. Aurobindo tiene momentos de poesía, en cambio, toda la existencia es poesía para Krishnamurti. Gandhi tiene que practicar la bondad, pero la bondad siempre acompaña a Krishnamurti. No necesita practicarla. Gandhi tiene que introducir la no violencia, pero la no violencia llega sola para Krishnamurti. Aurobindo tiene que buscar la verdad, pero la verdad ha venido a buscar a Krishnamurti. Las tres están en equilibrio como si se tratara de una sola energía.

¿Y cuál es la diferencia entre Ramana y Krishnamurti? Los dos han llegado a la misma puerta. Uno ha alcanzado el *samadhi* no activo yendo más allá de las tres. El otro ha alcanzado el *samadhi* activo encontrando una síntesis de las tres. Entre ellos dos hay una ligera diferencia. No es una diferencia de experiencia, aunque la base de su personalidad sea diferente. El *samadhi* de Ramana es como una gota que se funde con el océano, una gota fundiéndose en el océano. El *samadhi* de Krishnamurti es como si el océano se fundiese en una gota, es el océano que se funde en una gotita. El resultado es el mismo, pero la personalidad de cada uno es diferente.

El nivel de Krishnamurti y de Ramana es la calificación mínima necesaria para entrar en el reino de la espiritualidad. Lo mínimo, la calificación mínima para poder adentrarse en la espiritualidad es el nivel que tienen Ramana y Krishnamurti, es lo mínimo. Hay seres más grandes que Ramana y Krishnamurti, como Buda, Mahavira o Jesús. Por ejemplo, en el caso de Buda, Mahavira y Jesús, se desarrollan al mismo tiempo Ramana y Krishnamurti, no están separados. El *samadhi* no activo y el activo ocurren simultáneamente. Lo positivo y lo negativo ocurren a la vez. En Mahavira, en Buda y en

Jesús, la negación y la afirmación tienen lugar al mismo tiempo. Los dos caminos, Krishnamurti con Ramana, son simultáneos. Cuando habla Mahavira, su lenguaje es como el de Krishnamurti. Cuando Mahavira está en silencio, su silencio es como el de Ramana. Ramana está quieto, está en silencio. Krishnamurti es visible, es expresivo. En Krishnamurti hay dinamismo y Ramana es silencio puro. Si alguien oyera hablar a Mahavira, vería a Krishnamurti en él, y si alguien viera a Mahavira en silencio, vería a Ramana en él. La personalidad de Buda y de Jesús es como la de Mahavira.

Jesús es tan silencioso que incluso cuando le estaban crucificando le rogó a Dios: «Perdónalos porque no saben lo que hacen». Está en el mismo estado que Ramana. Y, al mismo tiempo, Jesús entró al templo con el látigo fustigando a los prestamistas, volcándoles las mesas y echándolos de allí. Este era el estilo de Krishnamurti.

Una vez me preguntaron: «¿Por qué grita tanto Krishnamurti al hablar?». Siempre que hay un *samadhi* activo, es normal que ocurra.

Alguien me preguntó: «¿Por qué Ramana siempre está en silencio? Cuando la gente le pregunta algo, se queda callado». Yo le respondí que el *samadhi* no activo es justamente así. Su respuesta es quedarse en silencio.

En Buda, Mahavira y Jesús, ocurren ambas cosas a la vez. La personalidad de Buda, Mahavira y Jesús es completa, aunque puede haber una personalidad más completa aún que la de Buda, Mahavira y Jesús, que es la personalidad de Krishna.

Buda, Mahavira y Jesús actúan con uno de estos dos aspectos en diferentes momentos. Cuando son no activos, son de una manera, y cuando son activos, son de otra manera. Incluso hoy en día, los católicos no alcanzan a entender que el Jesús que fustigaba con el látigo fuera el mismo que fue crucificado en silencio, pero se trata de dos ocasiones distintas, de dos momentos distintos. Por eso Jesús parece tener tantas contradicciones, como Buda y Mahavira.

La personalidad de Krishna es más completa. No tiene contradicciones porque las dos ocurren simultáneamente. Sus labios pueden estar tocando la flauta y, al mismo tiempo, sus ojos pueden estar llenos de ira. Puede prometer que no va a participar en la guerra y, al mismo tiempo, entrar en guerra. Puede declarar que su *dharma* es la compasión y que su *dharma* es luchar al mismo tiempo. Es muy difícil clasificar la personalidad de Krishna, porque la no acción y la acción ocurren simultáneamente en él. Desaparece la diferencia entre no activo y activo. Krishna es la mayor calificación que hay para adentrarse en la espiritualidad: es la calificación suprema, la más elevada.

Esto no significa que la liberación alcanzada por Ramana o Krishnamurti sea inferior en modo alguno. No, no significa, de ningún modo, que la dicha que alcanzaron Buda o Mahavira por la liberación fuera menor que la de Krishna. No, esto no quiere decir que uno sea más grande que el otro. Lo que realmente significa es que son tres personalidades distintas. Los tres tienen el mismo destino, pero hay diferencias fundamentales en sus características individuales.

Ramana y Krishnamurti son el inicio de ir más allá de la verdad, la bondad y la belleza, y son el inicio de la trascendencia. Por debajo de Ramana y Krishnamurti hay tres niveles: el que se aferra a la bondad, el que se aferra a la belleza y el que se aferra a la verdad. Y nosotros estamos incluso por debajo de estos tres niveles, ni siquiera hemos alcanzado la bondad, ni la verdad, ni la belleza. Ninguna de estas tres cosas da impulso a nuestras vidas.

En cierto modo, hasta que no estemos en el primer peldaño de esta escalera, no tendremos derecho a llamarnos humanos. La humanidad empieza con Gandhi y acaba con Aurobindo. Y la superhumanidad empieza con Ramana y Krishnamurti y acaba con Krishna. ¿Y dónde estamos nosotros?

No somos animales, eso está claro, pero tampoco está muy claro que seamos humanos. Hay algo cierto, y es que no somos animales. Lo segundo, es decir, que somos humanos, no está tan claro. No ser un animal es negativo, mientras que ser humano es una realización, un logro positivo. La naturaleza nos confiere un estado no animal y nos brinda la oportunidad de ser humanos, pero no nos crea humanos. Si la naturaleza nos creara humanos, nunca nos convertiríamos en seres humanos, porque la primera característica del ser humano es el hecho de poder elegir. Si la naturaleza no nos permitiera elegir, seguiríamos siendo animales.

La diferencia entre un humano y un animal es que el animal no puede elegir. No tiene a su disposición la posibilidad de elegir. No puede elegir ser un ser superior. Un perro nace como un perro completo, y no se puede decir que haya un perro menos perro que otro. Si lo hicieras, te tomarían por loco. Todos lo perros son iguales. Pueden ser flacos y pequeños, o gordos y grandes, pero su característica de ser un perro no varía. Con el ser humano, en cambio, sí puedes decir que una persona es menos humana que otra. Esto es posible porque la humanidad no es algo que traigas contigo al nacer. La humanidad es algo que creamos nosotros mismos, que desarrollamos nosotros mismos. La humanidad es algo que realizamos y buscamos nosotros mismos. Podríamos decir que la humanidad es nuestro propio descubrimiento, sin embargo, creemos que somos humanos desde que nacemos, y esto es un error.

Nadie es humano de nacimiento. Unos padres no pueden crear un ser humano. Solo pueden dar lugar a una ocasión para que se desarrolle un ser humano, es una oportunidad. Cuando una madre y un padre dan vida a un niño, surge una posibilidad de que nazca un ser humano, pero no nace un ser humano, solo nace el potencial de ser un ser humano. Puede decidir convertirse en un ser humano o, si toma otra decisión, puede quedarse sin evolucionar.

Lo interesante es que un hombre puede elegir convertirse en un ser humano y puede elegir trascender la humanidad, pero también puede elegir ser un animal. Incluso puede elegir estar en un nivel inferior al de los animales.

Si lo hemos entendido correctamente, ser un ser humano significa elegir. Ser humano es tener una capacidad infinita de elección. En el nivel inferior, los animales no tienen elección.

En el nivel superior, que es el nivel siguiente a Aurobindo que empieza a partir de Ramana, tampoco hay elección. Los animales están destinados a ser lo que son. Cuando un perro ladra, no lo hace porque haya elegido hacerlo. Cuando un león ataca y es violento, tampoco es porque lo haya elegido.

Por lo tanto, no puedes decir que un león sea violento, simplemente es incapaz de ser no violento. ¿Qué sentido tiene decir que es violento? De ahí que no se pueda acusar a un animal de ser inmoral, ni puedas decir que sea un criminal. Y tampoco puedes acusar a un niño de un crimen hasta los siete años. Consideramos que aún no es una persona. Es como un animal. Y por eso consideramos a los niños igual que a los animales. Todavía no tienen la capacidad de elegir.

Que no tengan esa capacidad hasta los siete años nos parece comprensible, sin embargo, nos cuesta entender que sigan sin tenerla a los diecisiete años. Y hay gente que vive toda la vida sin poder elegir. Viven tal y como les ha conformado la naturaleza.

La elección es un paso definitivo para el hombre, pero ¿por dónde debe empezar a elegir? ¿Debe empezar por la bondad? ¿Debe empezar por la belleza? ¿Debe empezar por la verdad? ¿Por dónde debe empezar a elegir?

Hay dos enfoques distintos. Algunas personas dicen que primero hay que cambiar el comportamiento para que más tarde se pueda producir un cambio más profundo. Yo no estoy de acuerdo con ellos. En mi opinión, cuando empiezas cambiando el comportamiento, puede convertirse en hipocresía, corres un riesgo enorme de convertirte en un hipócrita. Por eso digo que empieces por entenderte a ti mismo, que empieces por la verdad. No empieces por Gandhi, empieza por Aurobindo. Empieza haciendo un esfuerzo por entenderte a ti mismo, y luego extiende ese esfuerzo para entender esta inmensa existencia. Entonces la belleza se hará realidad en tu vida. El día que llegues a entender esta inmensa existencia, ese mismo día sabrás cómo relacionarte con ella y lo expandirás en ese sentido. Así se ampliará y aumentará la bondad. Empieza por la verdad, extiéndelo a la belleza y acaba por la bondad.

Todas las religiones del mundo dicen que, para buscar la verdad, debes empezar por la bondad. Dicen que es mejor empezar por el comportamiento y luego ir hacia el ser. Yo, sin embargo, digo que empieces por el ser y luego el comportamiento llegará solo. Cuando alguien empieza por el comportamiento, seguramente estará perdiendo el tiempo y haciendo un esfuerzo inútil.

Gandhi se pasó toda la vida experimentando con el celibato, pero nunca estuvo seguro de haberlo conseguido hasta el último instante de su vida. Es muy complicado empezar por el comportamiento. Mahavira no tuvo dudas, Buda nunca tuvo dudas. Y esto tiene una explicación. Gandhi solo se relacionaba con la vida por medio del comportamiento, solo le preocupaba de la parte externa de la vida. Incluso su enfoque interior provenía del exterior. Su interés se centraba en el exterior de la casa, y lo que le interesaba era conservar los muros de la casa.

Aunque los muros externos de la casa o la circunferencia

exterior de la vida sean muy buenos, eso no significa que la vida también sea buena en el interior. Sin embargo, cuando una persona que vive en su interior encuentra la verdad, todo lo que está fuera también se vuelve bueno.

En los últimos cinco o diez mil años, ninguna de las religiones que hay en el mundo han generado ningún cambio en el ser humano. Esto es debido a que su método funciona al revés: empiezan por el comportamiento y hablan de seguir por el ser. El hombre pierde toda su vida enfocándose en su comportamiento, y no es capaz de saber cuándo ha llegado el momento de ocuparse de su ser. Si la humanidad quiere ser religiosa, tendrá que empezar por el viaje interior para luego expandirse hacia el exterior.

El viaje interior es más sencillo, porque todo aquello que intentamos alcanzar en el exterior y no lo conseguimos se logra de forma fácil y natural desde nuestro interior. Es algo así: un hombre siembra trigo y lo cultiva. La cascarilla se desarrolla al mismo tiempo que el trigo, no hay que plantarla aparte. Si pensaras de este modo, «vamos a sembrar cascarilla para que salga trigo, ya que la cascarilla se desarrolla al mismo tiempo que el trigo», entonces la cascarilla se pudriría y no saldría el trigo. El trigo no puede salir de la cascarilla. La cascarilla es externa y el trigo es algo muy interno. La cascarilla crece para el trigo, para proteger el trigo. Si no hay trigo, la cascarilla es completamente innecesaria.

Cuando encuentras la verdad en tu interior, la belleza y la bondad surgen espontáneamente a su alrededor, reforzando la verdad. Cuando se enciende la lámpara de la verdad en tu interior, naturalmente se establece la buena conducta, porque la lámpara de la verdad no puede permanecer encendida si hay un mal comportamiento. Cuando encuentras la verdad en tu interior, la belleza se expande alrededor de tu vida y lo impregna todo, igual que la luz que desprende una lámpara encendida en el interior de una casa se propaga al exterior. Si encendiéramos una lámpara dentro de esta habitación, la luz se propagaría al exterior por todas las ventanas.

Si piensas que puedes propagar la luz al exterior sin necesidad de encender la lámpara dentro, estás cometiendo un grave error. Es posible que alguien finja que hay luz, pero eso es algo completamente distinto. Fingir que hay luz es peor que la verdadera luz. Es peor tener flores de imitación que no tener flores. Cuando no tienes una flor de verdad, sufres intentando encontrarla, pero si tienes una flor de imitación en la mano, podrías incluso olvidarte de lo que es una flor de verdad y de que estabas buscando una flor de verdad. Aunque una flor de imitación pueda engañar a los demás, no es tan grave como engañarte a ti mismo.

Hasta ahora, todas las religiones del mundo han empezado a buscar la verdad partiendo de la bondad. Y por eso no hemos conseguido mucha gente buena ni mucha gente bella, y tampoco hemos conseguido alcanzar la verdad. Si todavía queda alguna posibilidad de que haya religión en el futuro, deberemos revertir este proceso. Si empezamos por la verdad, la bondad y la belleza vendrán a continuación.

No obstante, debes tener en cuenta que incluso después de encontrar la verdad y encontrar la bondad y la belleza, solo nos convertiremos en un ser humano, en un ser humano completo. Pero no basta con ser un ser humano. Esto es necesario, pero no es suficiente. Hay que hacerlo, pero no es suficiente. En el momento que nos convirtamos en un ser humano, se abrirá una puerta a un nuevo viaje que nos llevará más allá de ser un hombre. Y cuando trasciendas la humanidad, experimentarás la dicha por primera vez en tu vida, la dicha existencial. Experimentarás una libertad que es la libertad existencial, y alcanzarás una eternidad que es la eternidad existencial.

Tenemos que trascender estas tres cosas, pero todavía no nos hemos adentrado en ellas. Para poder trascenderlas, primero hay que entrar en ellas. La verdad, la bondad y la belleza constituyen el viaje, pero no son el destino. La verdad, la bondad y la belleza son los tres procesos, y la verdad, la conciencia y la dicha son los tres resultados. Verdad, conciencia y dicha: estas son las consecuencias.

Empieza a haber pequeñas señales. En la vida de alguien que ha desarrollado la verdad en su interior, que ha desarrollado la bondad en su interior, empieza a fluir la felicidad. Pero cuando hay felicidad, también puede haber infelicidad. Si alguien consigue estar por encima de estas cosas, empezará a experimentar la dicha. La dicha se encuentra donde no hay felicidad ni infelicidad.

Por eso no existe lo contrario de la dicha. *Dicha* es la única palabra del lenguaje humano que no tiene un contrario, no hay una palabra que la contradiga. Lo contrario de la felicidad es la infelicidad, lo contrario de la paz es la guerra, lo contrario de la luz es la oscuridad, y lo contrario de la vida es la muerte. Pero la dicha no tiene un contrario. *Dicha* es la única palabra que no tiene un contrario. En cuanto vamos más allá de la felicidad y la infelicidad, llegamos a la dicha.

La puerta de la liberación se abre con Ramana y Krishnamurti. Y tú te preguntarás: «Si la puerta se abre ahí, ¿por qué tenemos que ocuparnos de llegar al sitio donde están Buda, Mahavira y Jesús?».

Es diferente para cada persona. Al llegar a Mumbai, me puedo bajar del tren en la estación de Borivli, me puedo bajar en la estación de Dara, y también me puedo bajar en la Estación Central, que es la última parada. Una está al principio y la otra está al final.

Krishna se baja del tren en la última parada, al final del recorrido, donde se detiene el tren y ya no continúa el viaje. Ramana y Krishnamurti se bajan en Borivli. Mahavira, Buda y Jesús prefieren bajarse en Dadar. Depende de las preferencias de cada uno, pero todo el mundo debería llegar a donde están Ramana y Krishnamurti. Una vez ahí, solo depende de ti dónde quieras bajarte del tren. Es una elección personal.

Nos parece que Ramana y Krishnamurti están muy lejos. Incluso nos parece difícil ser como Gandhi. ¡Y hay tanta gente que pretende ser como Gandhi, hilando algodón con la rueca! Lo único que se consigue es que la rueca gire y se desgaste, pero la gente no se vuelve como Gandhi. Ser como Rabindranath es muy difícil, hay que rimar tantas palabras, hay que intentar escribir tantos poemas, sin embargo, la auténtica poesía no surge. Hay tanta gente que cierra los ojos para meditar, rinde culto, ayuna…, sin embargo, es difícil ser como Aurobindo.

Si Gandhi puede ser Gandhi, Rabindranath puede ser Rabindranath, y Aurobindo puede ser Aurobindo, no hay nada que le impida a nadie ser él mismo. Dentro de cada persona hay la misma semilla y todas las semillas tienen el mismo potencial. Si lo intentas con determinación, empezarás a ver los resultados.

Os voy a contar una pequeña anécdota, y con esto terminaré mi charla. Hace un par de días, leí una noticia…

> Falleció un actor y director de cine americano. Antes de morir –unos diez años antes–, dejó un testamento en el que pedía ser enterrado en el pequeño pueblo donde había nacido.
>
> Si la gente no respeta la voluntad de los grandes santos, ¿quién va a respetar la de un actor? El sitio donde había fallecido estaba a dos mil kilómetros de su pueblo. ¿A quién le importaba su testamento? Si la gente ni siquiera se preocupa por los santos después de muertos, ¿a quién le va a importar un actor?
>
> Lo metieron en un ataúd y lo enterraron en el sitio donde había fallecido. Él había insistido mucho, lo había dicho incluso en el momento de morir: «Cuando me muera, por favor, no quiero que me entierren aquí. Os lo digo por

última vez: llevadme al pueblo donde nací. Quiero que me entierren allí». Y después falleció.

La gente decía: «¿Para qué nos vamos a preocupar por alguien que ya se ha muerto?». Metieron su cuerpo en el ataúd y lo enterraron ahí mismo.

Esa noche se desató una inmensa tormenta y el aguacero se llevó su tumba. El árbol que estaba cerca de su tumba se desplomó, y el agua del mar arrastró el ataúd, que viajó dos mil kilómetros por el océano, y acabó depositándose en la orilla del mar cerca de su pueblo. Cuando abrieron el ataúd, todo el pueblo se acercó a verlo. Se trataba del hijo predilecto del pueblo que se había hecho famoso en todo el mundo. Y lo acabaron enterrando en el sitio donde había nacido.

Estaba leyendo la biografía de este actor, y el autor del libro dice que esto probablemente haya ocurrido por la fuerza de voluntad del actor. El autor se plantea esa posibilidad.

Cuando observo a la gente, no me parece que sus vidas sean el resultado de su fuerza de voluntad. Si cuando está vivo alguien no consigue llegar a donde quiere ir, ¿cómo va a llegar después de muerto? Pero que una persona fallecida viaje dos mil kilómetros en su ataúd y llegue exactamente hasta su pueblo, y se desate una tormenta esa misma noche, demuestra que este incidente no estaba ausente de fuerza de voluntad. Evidentemente, es algo que ha sido provocado por algún tipo de fuerza de voluntad.

Si la voluntad tiene tanto poder como para conseguir que viaje el cuerpo de alguien que se ha muerto, ¿por qué nosotros, que estamos vivos, no vamos a poder hacer este viaje? Porque nunca hemos querido hacerlo, nunca hemos invocado a nuestra voluntad. Nunca se nos ha ocurrido pensar que podríamos llegar a ser alguien. Nosotros también hemos nacido para ser alguien, el hecho de estar aquí tiene un propósito. En nuestro interior se esconde profundamente una semilla que está esperando para germinar, para convertirse en un árbol y dar flores, pero no tenemos conocimiento de todo esto.

En esta charla, me gustaría darte algunos temas para que pienses en ellos. En primer lugar, no compares nacer con vivir, y no creas que no ser un animal es lo mismo que ser una persona. No confundas la apariencia humana con el hecho de ser una persona. Ser una persona supone un esfuerzo, una acción creativa, un viaje interior. Si empiezas por la bondad para convertirte en una persona, el viaje será muy largo y estarás perdido durante muchas vidas. Si estás pensando emprender el viaje de convertirte en una persona, es mejor empezar por la verdad y extenderlo a la bondad.

Por último: aunque hayas encontrado la verdad, aunque hayas encontrado el ser, aunque hayas encontrado la bondad, aunque hayas encontrado la belleza, sigue y no te detengas. Ese no es tu destino. Tienes que trascender el hecho de ser una persona. Ser una persona es necesario, pero no es suficiente. Solo podrás florecer con toda tu humanidad y crecer hasta tu plenitud cuando trasciendas a la persona.

Os estoy muy agradecido por haber escuchado mi charla con tanto amor y tanta paz. Y, por último, me inclino ante lo divino que hay en cada uno de vosotros. Os ruego que aceptéis este respetuoso saludo.

2. Indagación, no fe

Amados míos.

Estoy muy contento y muy agradecido por que estéis deseando escuchar esta charla sobre la exploración de la verdad. Me llena de alegría poder compartir algunos de estos sentimientos desde mi corazón. Hay muy pocas personas dispuestas a escuchar, y muchas menos que estén dispuestas a ver, por lo tanto, es normal que sienta tanta alegría cuando me encuentro con personas dispuestas a escuchar. Tenemos ojos y tenemos oídos, pero como acabo de decir, hay muy pocas personas que quieran ver o escuchar. A pesar de tener ojos, vivimos como si estuviéramos ciegos, y aunque nos lata el corazón, no experimentamos la divinidad. El ser humano, a pesar de tener tantas habilidades y tantas posibilidades de experimentar, no ha desarrollado plenamente casi ninguna de ellas.

Comenzaré mi charla con una anécdota que acabo de recordar…

> Había una vez un monje. Un grupo de personas fueron a verlo para avisarle:
>
> –Tus enemigos te están buscando y te quieren matar.
>
> El monje respondió:

–No os preocupéis. Cuando vengan a matarme, me esconderé en mi castillo. Y cuando lleguen, estaré dentro del castillo.

Era un simple monje que vivía en una humilde cabaña. Cuando los enemigos descubrieron que el monje había dicho, «cuando vengan a atacarme, me esconderé en mi castillo», se quedaron sorprendidos. Una noche, llegaron a su cabaña, lo capturaron y le preguntaron:

–¿Dónde está tu castillo?

El monje se empezó a reír, se puso la mano en el corazón, y dijo:

–Mi castillo está aquí. Cuando queráis atacarme, me esconderé aquí. Ya estoy aquí escondido, así que no me da miedo que me ataquéis.

Nosotros no sabemos nada del castillo que está aquí mismo. Ni siquiera los que hablan de la religión y leen la *Gita*, la Biblia y el Corán –los que rinden culto, rezan, van al templo y a la mezquita– se dan cuenta de que aquí dentro, en el interior de cada ser humano, está el centro de su ser. Solo hablan por hablar, pero en su vida no se produce ninguna transformación. El mundo está lleno de personas religiosas, sin embargo, no hay una auténtica religiosidad. El mundo está lleno de templos, mezquitas e iglesias, pero realmente no producen un efecto, un impacto o una luz en la vida de las personas que los frecuentan.

Esto solo es así simplemente por un motivo: porque no somos conscientes del templo que tenemos en nuestro interior.

Solo conocemos los templos que están fuera. Hay que tener en cuenta que un templo que no esté dentro, es un falso templo. Todas las imágenes que hay afuera y las oraciones que se realizan fuera son falsas. La verdadera oración, los verdaderos templos y la verdadera divinidad están dentro del ser humano. De ahí que una persona religiosa no busque a Dios fuera. Una persona religiosa entra en su interior.

La búsqueda de una persona religiosa no se dirige hacia afuera. Por más que viajes en el exterior, nunca encontrarás nada. Sin embargo, hay un viaje interior en el que sí encontrarás algo. La búsqueda de una persona religiosa es un viaje y una exploración interior.

Lo que estoy tratando de decir es que, aunque no seamos conscientes de ello, dentro de cada uno de nosotros hay un centro. Todas las preocupaciones y sufrimientos del ser humano se deben a que no somos conscientes de esto. Todos los problemas mentales, temores, angustias, sufrimientos y miedos del ser humano surgen por no ser conscientes de nuestro verdadero ser y haber olvidado cómo se realiza este viaje interior.

Es curioso que conozcamos tantas formas de viajar al exterior. Estamos intentando llegar a la luna y a Marte, y muy pronto el hombre dejará ahí su huella. Incluso llegará un día que el hombre pueda salir al espacio exterior. El hombre ha explorado las profundidades de los océanos y llegará al espacio exterior, pero hay una profundidad que está muy cerca, pero, sin embargo, no somos conscientes de ella. Y esta profundidad está dentro de cada uno de nosotros. Es nuestro propio ser, es la profundidad de la verdad de nuestro ser.

Hoy me gustaría hablar de cómo podemos adentrarnos en esta profundidad interna. Es posible que algunas de las cosas que voy a decir no te gusten. Quiero que no te gusten algunas de las cosas que voy a decir, porque cuando no te gusta algo, te sacude y te obliga a despertar. Quizá mis palabras te hagan sentir mal. Espero que te sientas mal por algunas de las cosas que voy a decir, porque lo que te hace sentir mal te obliga a pensar y puede conducirte a un pensamiento consciente. No obstante, antes de empezar voy a decir algo. Perdóname si te hago sentir mal. Te pido que me perdones si mis palabras te hieren, pero estamos tan dormidos que tengo que zarandearte para intentar despertarte por dentro.

Después de oír tantos discursos y tantas palabras sobre la vida y la verdad, nos hemos quedado hipnotizados. Las palabras no nos afectan. Las palabras se han muerto poco a poco porque nos hemos acostumbrado a ellas. Las palabras se quedan almacenadas en nuestra memoria debido a la repetición constante. Se han convertido en una costumbre y ya no nos hacen efecto.

La gente lee diariamente la *Gita*, pero si la lees diariamente, te vuelves indiferente y la *Gita* también se muere para ti. Si no dejas de leerla, acabarás por aprendértela de memoria y ya no te provocará nada internamente.

Lo peor que le puede ocurrir a un libro religioso es repetirlo y estudiarlo constantemente. Recitarlo todo el tiempo es peligroso y perjudicial. La repetición constante solo te lleva a dejar de recibir su mensaje, a no ser consciente de lo que dice. Por eso, las sociedades que más han perdido son las que tienen los libros más significativos y los pensamientos más penetrantes, porque memorizando los libros se ha perdido la corriente viva que había en ellos.

Había un buscador que no era monje ni vestía el hábito naranja, y nunca había abandonado a su familia. Al cumplir sesenta años, su padre, que estaba a punto de cumplir noventa años, aún seguía con vida.

Su padre lo llamó y le dijo:

–Llevo observándote sesenta años. Nunca le rezas a Dios, nunca vas al templo y nunca lees las sagradas escrituras. Ahora que soy viejo y se aproxima mi muerte, te quiero recordar que tú también serás viejo un día. ¿Cuánto tiempo vas a esperar? Empieza a rezar, empieza a pensar en Dios y vete al templo a rendirle culto.

Su hijo le contestó:

–Yo llevo viéndote ir al templo y leer las sagradas escrituras desde hace cuarenta años. Me gustaría que dejases de leer las escrituras y que las tirases. Cada vez que te veo ir al templo, siempre te quiero decir que es inútil. Si ir al templo no te ha dado nada el primer día, ¿cómo te va a dar algo el segundo, el tercero o el cuarto día? Una acción que no da un resultado el primer día no dará resultado nunca, aunque la sigas repitiendo cuarenta años. Después del primer día, cada día recibes menos, porque te has acostumbrado.

Su hijo siguió diciendo:

–Yo también pronunciaré su nombre, pero solo una vez. No tiene sentido repetirlo. Si tiene que suceder algo, sucederá una vez, pero será total. Si no tiene que suceder, no sucederá nunca.

Cinco años después de este incidente, cuando este buscador tenía sesenta y cinco años, pronunció el nombre de Dios y, al hacerlo, exhaló su último aliento. Se desplomó al suelo y se liberó en ese mismo instante.

No somos capaces de imaginarnos cómo sucede, pero cuando sucede, ocurre de este modo. Para que caiga el velo basta con un incidente, con un solo recuerdo, simplemente al primer intento. Y si no cae al primer intento, es inútil repetirlo una y otra vez.

De modo que voy a hablar de algunas cosas, de algunas palabras e ideas que ya no nos mueven. Nos hemos acostumbrado tanto a oírlas, que ya no nos afectan. Quizá tengas una revelación y algunas de estas palabras o ideas consigan transformarte.

La religiosidad siempre se ha alcanzado a través de una transformación interior, y no paso a paso ni gradualmente. No te vuelves religioso paulatinamente, siempre es una revolución interna. Si crees que puedes volverte religioso poco a poco, te equivocas. Si alguien quiere deshacerse de la oscuridad perdiéndola poco a poco, se equivoca. La oscuridad desaparece en el mismo instante que hay luz. El odio desaparece en el mismo instante que hay amor. Y la violencia desaparece en el instante que no hay violencia.

En la vida, todo lo que es significativo sucede en un instante, no sucede gradualmente. Lo que sucede gradualmente siempre es trivial y no tiene importancia. Una revelación que sucede en un instante merece la pena, es significativa, es relevante, y conectará a ese individuo con la existencia. Nadie ha encontrado la divinidad alejándose del mundo gradualmente. Cuando alguien encuentra lo supremo, siempre es porque ha dado un salto cuántico, es algo que ocurre como un rayo repentino o una explosión, y en ese momento se transforma todo.

Es como despertar a alguien que está dormido, ¿se despierta gradualmente? ¿Sale del sueño poco a poco? En cuanto despertamos a alguien, hay una transformación: los sueños desaparecen y los sustituye el despertar. La vida religiosa también implica una transformación de la vida que se podría comparar con esto. De modo que los que piensan que puede haber un cambio gradual se equivocan. La idea del cambio gradual es un síntoma de estar posponiendo. No estamos buscando la transformación, por eso queremos que el cambio sea gradual.

Buda dijo que esto es como si alguien estuviese atrapado dentro de una casa en llamas, y cuando le decimos que salga corriendo, contesta: «Voy a salir despacio. Lo voy a pensar. Voy a intentarlo, voy a hacer un esfuerzo. Voy a estudiarlo y luego saldré».

Buda dijo: «Eso solo significa que esa persona no está viendo el fuego. Significa que no quiere salir. Si viera el fuego, no diría "Voy a salir despacio". Saldría corriendo en cuanto lo viera».

No es algo que se pueda practicar. Es una transformación repentina y completa. Quiero hablar de esas cosas de la vida que nos pueden transformar, que pueden ser el comienzo de la transformación de nuestro ser. Esta noche voy a hablaros acerca de tres cosas.

La primera es que la fe es peligrosa para las personas que buscan la transformación. Lo que necesitan tener es sed de conocimiento, no fe. Todo aquel que empiece por la fe no va a progresar y no se producirá un crecimiento. La fe es como una muerte. Aceptar la fe es detenerse. Para avanzar hacia la transformación, lo que tiene que haber es un deseo de conocimiento y no fe. De modo que hablaré sobre esta llave en primer lugar: indagación y no fe.

Nos repiten constantemente que debemos tener fe. Nos dicen que debemos creer lo que dice la *Gita*, lo que dice el Corán y lo que dice la Biblia. Nos dicen que aceptemos lo que dijeron Buda, Mahavira, Jesús y Krishna, y el que no lo acepte estará perdido.

Yo, en cambio, digo que el que lo acepte estará perdido. Digo que el que lo acepte estará perdido porque, cuando aceptas una verdad de segunda mano que procede de otra persona, te estás perdiendo tu propia búsqueda de la verdad. Da lo mismo que sea la verdad de Krishna, la verdad de Buda o la verdad de Mahavira. Si aceptas una verdad prestada, tu búsqueda se detendrá y no descubrirás nada por ti mismo. Dejarás de buscar y tu crecimiento se detendrá.

Recuerda que para que un individuo realmente pueda crecer en este mundo, tendrá que hacerlo solo, porque el crecimiento de otra persona no le sirve. Si otra persona se come tu comida, tú no te quedas satisfecho, como tampoco puedes cubrir tu cuerpo con la ropa que usa otra persona. No puedes experimentar la verdad a través de la experiencia de la verdad de otra persona.

En este mundo, nadie puede experimentar la verdad recibiéndola prestada, sin embargo, todos nos agarramos a una verdad prestada, y nos dicen que debemos aceptar una verdad prestada. Siempre nos dicen que debemos creer a los demás y aceptar su verdad. Nos dicen que no debemos tener dudas y que tengamos fe.

Yo quiero que dudes. Cualquiera que quiera experimentar la verdad tendrá que ser valiente para poder dudar. Dudar es lo que requiere más valentía del mundo. Ten en cuenta que cuando te pido que dudes, no te estoy pidiendo que dejes de creer. La desconfianza es otra forma de fe. Cuando una persona dice que cree en Dios, está demostrando su fe, y cuando una persona dice que no cree en Dios, también está demostrando su fe. Cuando una persona dice que existe el alma, lo dice porque tiene fe. Cuando una persona dice que no existe el alma, también lo dice porque tiene fe. Las dos cosas son fe. La fe y la no fe, la confianza y la desconfianza solo son distintas formas de fe. En ambos casos, estamos creyendo lo que dicen otras personas, pero no estamos indagando nosotros mismos.

Dudar significa que no hay confianza ni desconfianza. Dudar significa que no hay aceptación ni no aceptación. Dudar significa indagar. Dudar significa que yo mismo quiero saber la verdad y experimentar la verdad.

Hasta que no despiertes a la verdad, tu aceptación, tu fe y tu confianza no te llevarán a ninguna parte en tu búsqueda de la verdad. El hombre se agarra cada vez con más fuerza a la fe a medida que va envejeciendo, porque su valentía va disminuyendo. Por eso les resulta más fácil tener fe a las personas mayores. Cuando su valentía disminuye, tienen miedo y se agarran a la fe porque les da seguridad. Tienen miedo a la muerte y a lo que pueda ocurrir después de la muerte. Si no aceptan la fe, ¿cuánto sufrimiento tendrán que soportar? Es posible que Dios los castigue por no haber creído en él. Según aumenta este miedo, el hombre va teniendo más fe.

La creencia es una debilidad, y un hombre débil no puede experimentar la verdad. La creencia es miedo. De una forma u otra, la creencia se sustenta en el miedo, la ansiedad y la preocupación. ¿Cómo va a encontrar la verdad una persona temerosa y asustada? La primera condición para encontrar la verdad es no tener miedo, el primer paso para conocer la verdad es no tener miedo. Todas las religiones, sectas, autoridades religiosas, sacerdotes, maestros religiosos y frailes nos enseñan a tener miedo. Debe haber algún motivo para que nos enseñen a tener miedo. Llenamos de miedo incluso a nuestros hijos pequeños, queriendo inculcarles la fe desde pequeños. De alguna manera, queremos ligarlos a las creencias antes de que ellos puedan empezar a despertarse y a pensar por su cuenta.

Todas las religiones del mundo maltratan a los niños, es difícil encontrar un maltrato mayor que este. Antes de que nazca el interés del niño por indagar el conocimiento, le llenamos la cabeza de cosas que ni nosotros mismos sabemos. Lo convertimos en hindú, musulmán, jainista o cristiano. Le obligamos a leer el Corán, la Biblia o la *Gita*. Le decimos que hay un Dios o que no hay un Dios. Todas estas creencias se convertirán en una cárcel de por vida para su conciencia, y no tendrá el valor de empezar a buscar y de conocer la verdad por sí mismo.

Si los padres, profesores y cuidadores realmente aman a los niños, deben darles amor en vez de darles sus creencias, su fe o sus ideas. Deja que tus hijos sean libres y que despierte su interés por indagar. No frustres su necesidad de conocer. La creencia aplasta el deseo de indagar y acaba con él.

Todos nosotros somos personas cuya indagación fue destruida durante la infancia, y ahora nos agarramos a una creencia o a una fe. Esta misma creencia es la que no nos deja crecer, ni deja que nuestro pensamiento sea independiente. Y el temor de que esta creencia esté mal nos impide buscar la verdad.

Y de la misma forma que ocurre en las culturas teístas, en otras culturas se ha extendido la creencia atea y la propaganda contra Dios. A esas personas les dicen que Dios no existe, que el alma no existe, que el cielo no existe, y que tampoco existe el infierno. Se lo dicen incluso a los niños pequeños. Esto va penetrando lentamente en su mente inconsciente y no pueden pensar con independencia. Desde el primer instante de nuestras vidas, se ha condicionado el pensamiento de la mayoría de nosotros. ¿Qué podemos hacer ahora?

Lo primero que tenemos que hacer es superar ese condicionamiento. Debemos alejarnos inmediatamente del condicionamiento impuesto por nuestros padres, la sociedad, el entorno y la propaganda que nos rodea. Hasta que no nos liberemos de toda esa basura no empezaremos a realizar nuestro fuego interno. Tenemos que deshacernos de todo ello.

Hay *sannyasins* que se retiran de la sociedad, pero el verdadero *sannyasin* es aquel que se libera de todo lo que le ha enseñado la sociedad. El verdadero *sannyas* no es huir de la sociedad. Un verdadero *sannyasin* es aquel que se ha liberado de las enseñanzas de la sociedad, de las creencias de la sociedad, y para hacerlo hay que ser muy valiente.

Por eso insisto en que la primera cualidad de un hombre religioso no es la creencia, sino la indagación. Si la creencia fuese la primera cualidad, no sería una persona religiosa. Todas esas personas religiosas llenas de fe son las que han envenenado el mundo. La historia de las religiones está plagada de asesinatos, mentiras, opresión, agresión y violencia, y todo esto se debe a esas personas religiosas llenas de fe. Las creencias siempre han obligado a la gente a luchar contra los no creyentes: la fe de un musulmán le enfrenta a los hindúes, la fe de los hindúes les enfrenta a los cristianos, y la fe de los jainistas les enfrenta a los budistas.

Recuerda que la indagación no enfrenta a las personas. Y

esta es la razón de que la fe no pueda ser nunca una cualidad religiosa. La indagación no enfrenta a las personas. La ciencia, por lo tanto, no se basa en la fe, sino en la indagación. No hay veinticinco ciencias diferentes, no hay una química para los hindúes y otra para los musulmanes. No hay unas matemáticas para los hindúes y otras para los jainistas. La ciencia solo es una porque no se basa en la fe, sino en la indagación. Siempre que haya muchas religiones, seguirá habiendo muchas mentiras en nombre de la religión.

(Una mujer empieza a gritar encolerizada).

Siempre que haya muchas religiones, es lógico que surja la ira como ocurre en este preciso instante. Pero yo no me enfado porque no tengo creencias. Los que tienen creencias se enfadan, y así demuestran la debilidad de la creencia. Todos los creyentes del mundo se enfadan con facilidad. Como yo no tengo creencias, es muy difícil que me enfade. Y deseo que haya mucha gente en el mundo que no se enfade enseguida, porque esas personas van a ser los cimientos de un mundo religioso.

Lo que ha ocurrido hasta ahora en la historia de la humanidad es que todo lo que se ha hecho en nombre de la religión va en contra de la religiosidad. Todo lo que se ha difundido en nombre de la religión ha sido falso, completamente falso, y se ha querido imponer esta falsedad de infinidad de maneras.

Cuando una persona empieza por la indagación, es normal que todas esas supuestas personas religiosas se preocupen y se enfaden, ya que su trabajo y su negocio dependen de las creencias. Por supuesto, cada vez que nace una persona religiosa en el mundo, se enfrentan a ella todos los sacerdotes, brahmines y autoridades religiosas. Los sacerdotes, las autoridades religiosas y las personas supuestamente religiosas han sido quienes crucificaron a Jesús. Los beatos, los sacerdotes y las autoridades religiosas han sido quienes envenenaron a Sócrates.

En este mundo, los eruditos siempre se han enfrentado a las personas religiosas. En este mundo, los sacerdotes siempre se han enfrentado a las personas religiosas. ¿Por qué? Porque una persona religiosa es la primera en atacar a todas las organizaciones e instituciones que se propagan en nombre de la religión. Esa persona atacará a todos los cultos que se hayan instituido en nombre de la religión, atacará a todas las falsas creencias y a toda la fe ciega en las supuestas religiones, para destruirlas.

Si Jesús volviera a nacer, los primeros que se enfrentarían a él serían los sacerdotes y los obispos católicos. Si Krishna volviera a nacer, los primeros que se enfrentarían a él serían quienes predican la *Gita* y difunden su mensaje. Si volviera Buda, los monjes budistas se alzarían y se enfrentarían a él.

Esto es lógico porque, en realidad, la religiosidad es como una rebelión. La religiosidad es la mayor rebelión que hay, la mayor revolución. Es una rebelión que comienza cuando nos damos cuenta de que lo que realmente necesitamos no es la fe, sino la indagación. Olvídate de las creencias sobre la verdad. Todavía no conoces una verdad en la que puedas confiar. Tiendes a creer lo que te dicen los demás, y no puedes discriminar entre lo que es verdad y lo que no lo es. Este tipo de creencia es una creencia ciega. Todas las creencias son ciegas.

¿Por qué? Porque es algo que te ha sido dado por los demás. Todo aquello en lo que crees te lo han dado los demás. No sabes si está bien o está mal. Quizá te lo hayan dado tus padres, y ellos, a su vez, lo recibieron de sus padres. Puedes estar seguro de que lo que te transmite la tradición no es la verdad. La verdad solo la puede alcanzar uno individualmente a través de su búsqueda.

Por eso cada uno debe encontrar individualmente su verdad. No te la puede prestar nadie. Cuanto más profunda sea tu fe, más te costará despertar a tu conciencia. Cuanto más fuerte sea tu fe, más débil será tu conciencia, porque la creencia va en contra de la conciencia. Siempre te está diciendo «¡Cree!». No deja que lo descubras por ti mismo. Siempre te está diciendo «¡Acepta!». No te dice que busques. Siempre te dice que te lo guardes fijamente en la mente y no pienses en nada más, no pienses en otra cosa que no sea esto, no pienses algo en contra de esto. Cuanto más profunda sea la fe, más te costará salirte de ella.

En mi pueblo había un hombre que vivía en mi barrio y que se dedicaba a cazar loros en la selva que había cerca del pueblo, y los metía en jaulas. Los loros se pasaban los primeros días dando saltos para intentar escaparse, pero luego se iban acostumbrando a estar en la jaula. Y llegaban a acostumbrarse tanto que, aunque les dejase la jaula abierta, los loros salían para dar una vuelta y luego volvían, porque se sentían más seguros dentro de la jaula.

Nuestra mente se ha convertido en algo parecido. Está llena de tradiciones, cultura y pensamientos que nos han inculcado los demás. La mente está tan limitada que no nos atrevemos a salir, nos da miedo. Nos preocupa perder nuestra seguridad o que llegue alguien y haga tambalear nuestras creencias. Por eso tenemos miedo, nos da miedo renunciar a esas ideas, pero si alguien no se atreve a rebasar sus límites, nunca podrá encontrar la divinidad. Para encontrar la divinidad, hay que romper todas las ataduras.

Para alcanzar la verdad, tendrás que renunciar a todos los conceptos previos de la verdad. Para alcanzar la verdad, tendrás que renunciar a todas tus creencias y despertar tu conciencia. Solo podrá encontrar la verdad alguien con una conciencia capaz de discriminar, solo alguien así podrá experimentar la verdad fundamental de la religiosidad. Por eso quiero que dejéis todas vuestras creencias a un lado y que vuestra conciencia sea capaz de discriminar.

¿A qué se debe está angustia? ¿A qué se debe este miedo? Este miedo es porque en nuestro fuero interno todos sabemos que las creencias a las que nos aferramos no pueden durar si pensamos en ellas. Nuestra intuición interna nos dice que son creencias superficiales y que, si pensamos un poco en ellas, desaparecerán. Esto es lo que nos preocupa.

No queremos quedarnos sin creencias. ¿Por qué? Porque entonces nos sentiríamos como si nos hubiesen abandonado en el fondo del océano. Nos sentiríamos como si no pudiéramos entrar en nuestra jaula, y estaríamos perdidos en el cielo. Ten presente que, cuando alguien tiene miedo, puede pertenecer a un culto, pero no podrá pertenecer a la religiosidad; puede pertenecer a una tradición, pero no será capaz de conocer la inteligencia suprema.

Lo primero que quiero decirte es que no ancles tu barco con creencias. Deja que fluya en el infinito océano del conocimiento, deja que se vaya. Y no te preocupes. Deja que se vaya donde quiera. ¿Por qué te preocupas? ¿De qué tienes miedo? El que tenga miedo se quedará en la orilla. Tienes que abandonar la orilla. De una forma u otra, nuestro barco está atado a las creencias.

Si destruimos todas las creencias que hay en el mundo, nacerá la religiosidad. Si quemamos todas las creencias del mundo hasta que solo queden las cenizas, podremos encender el fuego de la religiosidad. Con la ayuda de Dios, en el mundo no habrá nadie que sea católico, ni hindú, ni musulmán, ni jainista. Si esto ocurre, habrá una oportunidad para que surja la religiosidad en el mundo.

Las personas supuestamente religiosas no permiten la religiosidad. Están impidiendo que nazca la religiosidad. Las personas valientes tienen que destruir la hipocresía de los que se dicen religiosos, y tienen que convertirse en un vehículo para que pueda nacer la religiosidad. La religiosidad surgirá de la indagación. La religiosidad surgirá de la conciencia y el pensamiento. La religiosidad es una ciencia, es la ciencia suprema. No es una creencia que tengas que aceptar, al contrario, puedes conocerla y experimentarla.

¿Quién te dice que no puedes experimentar lo que experimentó Jesús? Si alguien te lo dice, es porque es tu enemigo. ¿Quién te dice que una persona corriente no pueda tener las mismas experiencias que tuvo Buda? El que diga esto es un enemigo de la humanidad. Cada ser humano tiene dentro de sí la misma divinidad. La experiencia que tuvo Jesús, la que tuvo Buda, la que tuvo Ramakrishna; es algo que puede ocurrirle a cualquiera. Debería ocurrirle a todo el mundo. El único problema es que hemos aceptado las creencias de los demás y no nos despertamos. Olvídate de los demás y despierta.

No hay nadie que valga más que el que vive en tu interior. Y no hay nadie más sagrado que el que vive en tu interior. Y no hay nadie con más gracia que el que vive en tu interior. El problema es que nos han enseñado a seguir a otra persona. Unos te dicen que sigas a Jesús, otros te dicen que sigas a Mahavira, y otros te dicen que sigas los pasos de Buda. Lo que digo yo es que los que siguen los pasos de los demás están insultando a la divinidad que hay en su interior.

¿Por qué deberías seguir a nadie? No hay ningún motivo para hacerlo. Síguete a ti mismo y reconoce la divinidad que hay dentro de ti. Cada vez que te postras a los pies de alguien y le sigues, estás insultando la verdad suprema que hay en ti.

Hay una historia de Buda en la que habla de su vida pasada. Buda solía contar historias de sus vidas pasadas.

Previamente, en su vida anterior y antes de convertirse en Buda, fue a un pueblo. En ese pueblo había un iluminado llamado Deepankar, y Buda fue a verlo para postrarse a sus pies. Cuando se levantó, vio que Deepankar, a su vez, se estaba postrando a sus pies, y abochornado, le dijo:

–Pero ¿qué estás haciendo? Yo solo soy un pobre ignorante, un hombre cualquiera perdido en la oscuridad. Me he postrado a tus pies y eso es lo correcto, porque tú eres un iluminado. Pero ¿por qué te postras tú a mis pies?

Deepankar respondió:

–Para mostrarte que estás insultando a la conciencia que hay dentro de ti. Te has postrado a mis pies creyendo que yo tengo la luz de la conciencia, pero yo me postro a tus pies para proclamar que todo el mundo tiene la luz de la conciencia.

Lo que está en nuestro interior no tiene necesidad de seguir a nadie. Cuando empezamos a seguir a otra persona, surge un conflicto, empieza una batalla interior. La realidad es que en este mundo, en la naturaleza, en la creación, no hay dos guijarros iguales. No hay dos hojas idénticas. Busca por toda la Tierra y no encontrarás dos guijarros ni dos hojas iguales. Entonces, ¿cómo puede haber dos seres humanos iguales? Cada individuo es único, de modo que pretender convertirse en Rama o convertirse en Buda imitándolo es un gran error. La existencia ha hecho a cada persona única. Cuando imitas a alguien, no sucede nada, solo es una hipocresía y estás fingiendo algo.

¿Acaso no lo ha demostrado la historia? Han pasado dos mil quinientos años desde que murió Buda y dos mil años desde que murió Jesús. Y en estos dos mil años ha habido mucha gente que ha intentado imitar a Buda y mucha gente que ha intentado imitar a Jesús, pero ¿alguno de ellos se ha convertido en un nuevo Buda o un nuevo Jesús? ¿El fracaso de los últimos dos mil o dos mil quinientos años no es una señal de que este esfuerzo no sirve para nada? De hecho, nadie se puede convertir en otra persona. Y siempre que alguien intenta ser como otra persona, se sumerge en una lucha interna, en un conflicto interior, y esto le provoca un desequilibrio. Se olvida de sí mismo e intenta convertirse en algo que no es. Esto le genera ansiedad, angustia y un conflicto interior.

Solo las personas que están en silencio alcanzan la divinidad. ¿Cómo pueden experimentarla quienes no están en silencio? Siempre que alguien pretenda convertirse en otra persona copiándola, sentirá inevitablemente un desequilibrio, y ese desequilibrio le impedirá experimentar la divinidad. La ansiedad que sentimos cuando queremos imitar a otra persona es la misma que siente un nenúfar queriendo convertirse en una rosa, o una rosa queriendo convertirse en un nenúfar.

De ahí que la segunda cuestión de la que quiero hablar es que no debes imitar, sino que debes buscar tu ser interior: no imites, busca tu ser interior. La primera cuestión es: no creas, indaga. La segunda cuestión que quiero transmitirte es: no imites, busca tu ser interior.

No imites a nadie. No hay nadie que pueda convertirse en

el ideal de otra persona. Todo el mundo tiene su propio ideal en su interior y tiene que descubrirlo. Si no lo descubrimos y vamos corriendo detrás de alguien, nos estaremos equivocando y nos perderemos. Puedes pretender convertirte en Jesús, en Buda o en Krishna, de muchas maneras, pero nunca serás ni Jesús, ni Buda ni Krishna. Lo que intento decirte es que cuando renuncies a esta idea, te despiertes y empieces a buscar tu propio ser, serás un Jesús, un Buda o un Krishna. Encontrarás esa realización y esa experiencia a tu manera, con tu personalidad. Lo que no se consigue corriendo detrás de alguien, lo puedes conseguir entrando en tu interior.

De modo que la segunda cuestión es no imitar. No imitar significa que nadie es el ideal de otra persona. No puede ser. Pero nos han dicho y convencido de que debemos tener algún ideal. Y ¿qué podemos hacer si nos dicen que debemos tener un ideal? Tendremos que convertir a alguien en nuestro ideal. Y querremos ser como él, pero es un esfuerzo falso. Es falso porque solo es una pose.

> En cierta ocasión fui a un pueblo a ver a un amigo. Se trataba de un monje que vivía en una pequeña cabaña cerca de un monte. Me acerqué a su casa, pero él no sabía que yo estaba allí. Al mirar por la ventana, vi que estaba desnudo dando vueltas por la casa, se había quitado la ropa e iba desnudo de un lado a otro. Cuando llamé a su puerta, me abrió rápidamente. Se tapó con una sábana para abrir la puerta.

–Hace un momento estabas desnudo –le dije–. ¿Por qué te has tapado con la sábana?

Él contestó:

–Estoy practicando para convertirme poco a poco en un monje desnudo. Como me da miedo, solo me desnudo para practicar cuando no hay nadie. Con el tiempo, podré practicar con mis amigos y después en el pueblo, y así me iré acostumbrando a ello.

–¿Por qué no te apuntas a un circo? –le dije–. Cuando una persona tiene que practicar para estar desnuda, podría valer para un circo, pero no para ser un *sannyasin*.

Mahavira era su ideal, y como Mahavira iba desnudo, pensó que él también debía hacer lo mismo.

–Mahavira iba desnudo, pero no porque lo practicara –le dije–. La desnudez de Mahavira era natural. Un día se le ocurrió que la ropa no era necesaria, tuvo esa idea, y ni siquiera se acordaba de ponerse la ropa. Llegó a un estado de simplicidad e inocencia donde no surge la idea de ponerse ropa. La ropa dejó de existir para él.

Esto sí lo puedo entender, pero que alguien esté desnudo porque ha estado practicando la desnudez me parece distinto, es falso y solo está actuando. Se puede entender que una persona que desborda amor y es amorosa con todo el mundo sea no violenta. Pero no tiene sentido que una persona practique e intente ser no violenta. Todos los esfuerzos que hacemos por imitar a los demás nos llevarán por mal camino y estaremos perdiendo el tiempo. Esto explica que una persona corriente no sea tan infeliz ni esté tan perturbada como lo están los supuestos monjes y *sannyasins*. Todos están poseídos por un cierto grado de locura. Tienen la neurosis de querer convertirse en otra persona. Es una locura, una demencia.

Tratar de ser como otra persona es una locura. El resultado de todo ese esfuerzo es la represión de tu verdadero ser, que es lo mismo que la autorrepresión. Es reprimir lo que eres para intentar ser lo que no eres. Una persona así esta creando su propio infierno. Estará viviendo en un infierno las veinticuatro horas del día. Critica lo que es, e intenta ser lo que no es.

Lo que me gustaría decirte es que el día que sepas quién eres habrá una transformación en tu vida, y lo que no has conseguido a través del esfuerzo, lo conseguirás simplemente yendo a tu interior. Por eso te he dicho que no debes imitar y debes buscar tu propio ser.

La tercera cuestión de la que quiero hablar es que debes eliminar todas las ideas falsas e ilusiones que llenan tu conciencia. Quiero decirte que cuanto más sensible sea una persona, más compasión tendrá y más se acercará a la verdad. Por eso no hay que buscar la verdad, pero hay que ser más sensible y compasivo. Espero que lo entiendas.

Si viniera un ciego y me dijera que quiere saber lo que es la luz, ¿le aconsejaría hablar con la gente para conocer la luz y que se acordara de lo que le han dicho? Lo que yo le diría es: no te preocupes de aprender nada acerca de la luz, pero asegúrate de que tus ojos vean bien. Piensa primero en cómo curarte la vista. Si tus ojos se curan, podrás experimentar la luz, pero si tus ojos no se curan, no lo conseguirás, aunque tengas muchos conocimientos sobre la luz. Los ojos son la sensibilidad, y la luz es la verdad.

A los buscadores de la verdad y a los buscadores de la divinidad, yo les digo: no os preocupéis por la divinidad y sed sensibles. Cuanto más profunda sea vuestra sensibilidad, más cerca estaréis de la verdad.

Imagínate que te estuviera mirando: si mi capacidad de ver no fuera más allá de tu cuerpo, solo vería tu cuerpo y nada más. Si me miro a mí mismo y la capacidad de verme no va más allá de mi mente, solo veré mi mente, y no veré nada más allá. Cuanto más potente sea la capacidad de ver, más honda será mi experiencia de la verdad.

La capacidad de ver de las personas que experimentan la divinidad está tan agudizada que eso mismo es lo que les permite ir más allá de la naturaleza y experimentar la divinidad. La divinidad no está separada de la naturaleza. La divinidad es todo lo visible que hay a nuestro alrededor. Si tus ojos pueden ver lo profundo, podrán ir más allá de la superficie y experimentar el centro mismo de la existencia. De modo que el problema no reside en buscar la divinidad, sino en aumentar nuestra sensibilidad. Cuanto más profunda sea nuestra experiencia, más profunda será la verdad que veamos.

Nos han enseñado a buscar la divinidad. Y hay locos que van al Himalaya buscando la divinidad como si no hubiera divinidad aquí. Hay gente que va buscando la divinidad en un bosque solitario como si no existiera entre la multitud. Y otros se van de peregrinación a un lugar remoto pensando que van a encontrar la divinidad ahí, como si no estuviera en otros sitios. Los que descubren la divinidad tienen una gran sensibilidad, y no hace falta irse al Himalaya ni peregrinar a ningún sitio, o irse a ningún bosque. Si tu sensibilidad es suficientemente profunda, podrás experimentar la divinidad aquí mismo, ahora mismo. El que tiene la capacidad de ver, puede experimentar la luz aquí mismo; sin embargo, para el que no ve bien no habrá luz.

De ahí que sea más importante la búsqueda de la sensibilidad que la búsqueda de la divinidad. Tenemos una sensibilidad muy baja, no somos muy sensibles. Hay muchas cosas que no experimentamos. Vivimos casi inconscientemente.

Cuando sale la luna por la noche, hay muy poca gente que experimente su belleza. Cuando brotan las flores al borde del camino, hay muy pocas personas que experimenten el misterio que hay en esas flores. Hay muy pocas personas que vean el milagro de la naturaleza que ocurre a nuestro alrededor. Estamos dormidos por dentro. Somos personas profundamente dormidas.

> Estuve con un amigo en un sitio precioso de la montaña. Era una noche de luna llena. Estuvimos remando por el río con nuestro barco hasta que se hizo de noche. Mi amigo acababa de regresar de Suiza, y mientras íbamos remando con el barquito por el río, él no paraba de hablar de Suiza: de sus lagos, de las noches de luna llena que había allí, de

la belleza de aquel lugar. Cuando volvimos a casa al cabo de una hora, me dijo:

–Me ha encantado el sitio al que me has llevado.

–Perdona –le dije–, pero tú no has estado ahí. Yo te he llevado, pero tú no has venido. Yo sí he estado, pero tú no estabas allí.

–¿Qué quieres decir? –me preguntó.

–Tú todavía sigues en Suiza. Y te diré una cosa, incluso cuando estabas en Suiza tampoco estabas ahí presente. Te conozco y conozco tu actitud. Seguro que estabas en otra parte –le contesté.

Estamos prácticamente dormidos. No vemos lo que tenemos delante, no escuchamos lo que oímos. Nuestras mentes están llenas de otras cosas. Solo una persona que no tenga mente puede ser sensible. Si tienes la mente vacía cuando miras la luna, podrás experimentar su verdadera belleza. Si estás cerca de una flor con la mente vacía, podrás experimentar su belleza. Si estoy vacío, y estoy cerca de ti, podré experimentar lo que hay en tu interior. Cuando una persona conoce el vacío supremo, podrá entrar en el misterio que se oculta en este universo.

Los que están llenos por dentro son densos y no tienen sensibilidad. No son sensibles. Y los que están vacíos por dentro tienen una enorme sensibilidad en su interior.

La divinidad está en todas partes, dentro de cualquier cosa que haya en este mundo. Solo necesitamos tener sensibilidad en nuestro interior. Pero estamos locos, nos hemos llenado de cosas por dentro. Ya casi no nos queda sitio, lo hemos llenado con la *Gita*, el Corán y la Biblia. Nuestra vida se ha llenado con los negocios, el comercio, el trabajo y la profesión, y todo ese tipo de cosas. Y el espacio que queda libre lo llenamos con la *Gita*, el Corán y la Biblia. Estamos llenos por dentro. Hemos ido acumulando toda clase de desechos.

Echa un vistazo a tu cabeza, obsérvala durante un rato y fíjate en lo que ocurre ahí dentro. Verás que hay muchísimas cosas inútiles. No cabe nada más. La sensibilidad no puede entrar porque no queda ni un resquicio. ¿Cómo puede experimentar la verdad una mente tan cerrada y tan cargada de cosas triviales? ¿Cómo puede experimentar la belleza? E intentamos buscar la divinidad con una mente así: nos vamos al Himalaya, nos postramos a los pies de un gurú, vamos a templos y mezquitas. Mientras sigamos cargando con una mente así no va a suceder nada. Lo que hay que hacer es vaciarla, no hace falta ir a ningún sitio, y empezarás a tener esa experiencia, estés donde estés.

Se trata de sensibilidad, no de buscar la verdad. Se trata de abrirte a la sensibilidad, no de buscar la divinidad. Y cuando una persona está vacía, la sensibilidad se abre. Yo lo llamo *samadhi* del vacío, meditación del vacío, oración del vacío.

Tus oraciones no se pueden llamar oraciones. Son una señal de que tu mente está llena. Estás hablando, diciendo algo, repitiendo algo de memoria, incluso cuando rezas. Eso no es una oración. Tus canciones de alabanza no son oraciones. Son una señal de que tu cabeza está llena. Sigues hablando, pero no le das a la existencia la oportunidad de hablarte. Estás ocupado llenándote y no queda sitio para que la existencia pueda fluir en tu interior.

Recuerda que, cuando llueve, el agua fluye por la montaña y llena los pozos vacíos. La existencia te está colmando en cada momento. Quienes están vacíos pueden llenarse, pero quienes estén llenos se quedarán vacíos. Y no hay nadie que esté tan lleno como un erudito. Su cabeza siempre está llena.

Aprende a mantener tu cabeza vacía; no es difícil, es fácil. Solo tienes que tener un poco de valentía y un poco de conciencia. Tu cabeza puede estar vacía. El estar vacío se consigue prestando atención, y cuanto más atenta esté una persona en su vida, más vacía estará.

Imagínate que pusiera una tabla de madera de treinta metros de largo y treinta centímetros de ancho en el suelo y te pidiera que caminases sobre ella. ¿Te caerías o podrías caminar sobre ella? Todo el mundo puede caminar sobre la tabla, ya sea un niño, una mujer o un anciano..., todos pueden caminar sobre ella. Es una tabla de treinta metros de longitud y treinta centímetros de anchura, y te estoy pidiendo que andes sobre la tabla. Todo el mundo puede hacerlo y nadie se cae. Ahora, imagínate que pusiéramos esa misma tabla de madera cruzando un abismo entre dos edificios, y te pidiera que caminaras sobre ella. ¿Cuántos de vosotros os sentiríais capaces de hacerlo? No ha cambiado prácticamente nada, sigue siendo la misma tabla de treinta metros de longitud y treinta centímetros de anchura, pero ahora ya no está en el suelo, sino en el aire, apoyada en los tejados de dos edificios. ¿Por qué te da miedo cruzarla? ¿Por qué te preocupas? ¿Cuál es la dificultad? La longitud y la anchura siguen siendo las mismas y tú eres la misma persona. ¿Qué importa que haya un foso debajo de ella?

La diferencia estriba en que, cuando la tabla de madera está en el suelo, puedes andar sobre ella inconscientemente, no es difícil. Puedes estar pensando en cualquier cosa y seguir andando. Sin embargo, cuando la tabla está a cierta altura, tienes que estar muy atento al caminar. Si se cruza una ligera interferencia en tu mente y te pones a pensar en algo, te caerás.

Lo que te preocupa es tu inconsciencia. Cuando una persona está atenta, es capaz de caminar sobre esa tabla aunque esté a mucha altura. No cambia nada. Cuando caminas sobre una tabla a cierta altura, el suelo sigue estando ahí. ¿Qué diferencia hay? Cuando una persona está despierta, tiene conciencia de su cuerpo, de su mente y de sus pensamientos. Las personas inconscientes están dormidas. Cuando la tabla está en el suelo, puedes caminar sobre ella porque no tienes que interrumpir tu inconsciencia, sin embargo, cuando está elevada, te da miedo caminar sobre ella.

La gente me solía preguntar: ¿qué podemos hacer para estar atentos? Cerca de mi pueblo había un monte que tenía un tablón estrecho que servía para cruzar un foso muy profundo. Te ponía los nervios de punta caminar sobre esa tabla. Yo me solía llevar a la gente allí y les decía que, si eran capaces de caminar sobre esta tabla, sabrían lo que significa estar atento. Después de dar un par de pasos, me decían que la mente efectivamente se quedaba vacía y, de repente, estaban completamente atentos. Si alguien puede estar las veinticuatro horas del día como si estuviese caminando por la cumbre de una montaña, completamente alerta, cada vez estará más vacío.

La concentración correcta significa atención correcta, conciencia. Vivir con conciencia significa que cualquier cosa que hagas –estar de pie, estar sentado, dormir, comer, trabajar, caminar por la calle–, lo haces con atención. Todas las actividades del cuerpo y la mente las realizas prestando atención: estar de pie, estar sentado, caminar. Presta atención a todo lo que hagas. Rompe el embrujo de la inconsciencia que hay en tu interior. Vive las veinticuatro horas del día como si estuvieses frente a un gran peligro.

Un hombre religioso vive como si estuviese constantemente en peligro. Y realmente hay un peligro: la muerte te está rondando las veinticuatro horas del día. El peligro no es la fosa en sí. ¿Cuál es el peligro de caminar por la cumbre de una montaña? Es el riesgo de morir, ¿no es así? Si te caes, morirás. ¿Y crees que ahora mismo no hay un peligro de muerte debajo del sitio que estás pisando? El ser humano está al borde de la muerte las veinticuatro horas del día.

Si no estás alerta, es porque estás loco, porque eres ignorante. Estás caminando por la cumbre de una montaña las veinticuatro horas del día y podrías caerte en cualquier momento. Todos los días se cae alguien y un día tú también te caerás. La vida es estar al borde de la muerte constantemente. Hay peligros por todas partes, riesgos por todas partes. Aquel que no esté despierto está cometiendo un error, está cometiendo una gran equivocación.

Todas las actividades que realizamos durante las veinticuatro horas del día –ya sean físicas o mentales–, debemos hacerlas prestando atención. Una persona que está más alerta internamente, descubrirá que dentro de sí hay más vacío. Cuando hay vacío interno, puedes recibir a la divinidad en tu interior. Tu puerta ahora está abierta y puede entrar la luz del sol. Tus ojos se han abierto y puedes experimentar la luz. Las rejas de tu corazón se han abierto y puede entrar la divinidad. Un hombre vacío está lleno de divinidad. Vacíate y alcanzarás la divinidad. Y cuando alcances la divinidad, todo se transformará.

Te he dicho que no se trata de creer, sino de indagar. Y cuando alcances la divinidad, la indagación se convertirá en confianza. Entonces sabrás, y ese saber te colmará de confianza. Esta confianza, sin embargo, es muy distinta porque no te la han dado los demás, sino que ha surgido de tu propia experiencia y tu saber.

También he dicho que no hay que buscar la divinidad, sino la sensibilidad. Cuando tu sensibilidad sea total, experimentarás la divinidad.

También he dicho que no debes imitar, sino buscarte a ti mismo. Cuando te conozcas, te darás cuenta de que has alcanzado lo mismo que alcanzaron muchos otros antes que tú. Descubrirás todo lo que alcanzaron Jesús, Buda y Mahavira.

He dicho que para experimentar la verdadera fe no debes creer, sino indagar. He dicho que para encontrar los verdaderos ideales no debes imitar ni seguir unos ideales, sino que debes buscarte a ti mismo. Y he dicho que para experimentar la auténtica divinidad no debes buscar la divinidad, sino la sensibilidad.

Estas ideas –pedirte que renuncies a la fe para que surja la verdadera fe– te pueden parecer paradójicas. Te estoy pidiendo que te olvides de la divinidad y que aumentes tu sensibilidad para encontrar la divinidad. Y te estoy pidiendo que renuncies a todos tus ideales para que surjan dentro de ti los verdaderos ideales. Si entiendes lo que estoy diciendo, no te parecerá contradictorio. ¿Por qué? Porque cuando algo está vacío, se puede llenar. ¿Dónde ves que haya una contradicción? Solo lo que está vacío se puede llenar, solo lo que está vacío puede alcanzar la plenitud.

Por eso la meditación es vaciarte completamente, no guardarte nada. Vaciarte sin titubear es dar un paso hacia la divinidad. Alguien tiene el valor de estar vacío, es capaz de alcanzar la plenitud. Dentro de cada individuo existe la posibilidad y la semilla para alcanzar la divinidad. Si no lo conseguimos, nadie es responsable de ello, excepto nosotros mismos. Si no lo conseguimos, no podemos culpar a nadie más que a nosotros mismos. Si no lo alcanzamos, no es culpa de nadie, solo es culpa nuestra.

Por eso, deberías pensar y analizar todas estas cosas conscientemente. Entender todas las posibilidades que tienes conscientemente y transformar tu vida conscientemente, despertar conscientemente y quedarte vacío. Ten en cuenta que si alguien alcanza la divinidad no es porque sea especial. Todos los seres humanos tienen ese potencial, pero si no prestamos atención, si no enfocamos nuestra atención en esa dirección, nunca desarrollaremos nuestro potencial. Si una semilla puede convertirse en un árbol, es porque todas las semillas pueden convertirse en árboles.

Para que una semilla se convierta en un árbol tienen que ocurrir ciertas cosas: tiene que tener agua, abono, tierra y sol. He hablado de lo que es el agua, de lo que es el abono y de lo que es el sol. De indagar y no imitar; de buscarte a ti mismo y no a la divinidad; de buscar la sensibilidad, pero no llenándonos, sino vaciándonos. Estos son los cimientos. Quien cumpla todo esto tendrá la garantía, la eterna garantía, de experimentar la divinidad.

Si no experimentas la divinidad, no culpes a tu karma. Deberías comprender que has hecho algo mal. Deberías darte cuenta de que has tenido fe en vez de indagar. Deberías darte cuenta de que te has perdido buscando la divinidad, en vez de profundizar en tu sensibilidad. Debes darte cuenta de que, en vez de vaciarte, te estás llenando la cabeza de ideas y escrituras de los demás.

El karma no tiene la culpa, la culpa la tiene tu actitud. Hablamos de toda clase de cosas para ocultar una actitud equivocada: hablamos de que tenemos un mal karma, de que nuestras vidas pasadas fueron malas y que por eso no podemos alcanzar nuestras metas. Todo esto solo sirve para justificarnos y para justificar nuestros actos. Son justificaciones falsas.

Yo te digo que, si tienes la actitud correcta, puedes alcanzar la divinidad en este mismo instante. Nadie ha perdido la divinidad nunca, estamos inmersos en ella, el único error es nuestro enfoque. El error está en nuestro enfoque y en lo que estamos mirando. Eso es lo que nos hace sentir que hemos perdido algo que ya tenemos. Si volvemos nuestra atención hacia el castillo que hay en nuestro interior, experimentaremos la divinidad aquí y ahora.

Ojalá que la existencia te conceda esa actitud. Ojalá que la existencia te ayude a cambiar tu fe por indagación. Ojalá que la existencia te ayude a buscar en tu interior y a generar el deseo de experimentar la paz y la belleza suprema. Si no lo experimentas, estarás viviendo una falsa vida que no vale la pena vivir. Si no lo experimentas, la vida es una muerte viviente. Y si lo experimentas, no solo se convierte en eterna la vida, sino que se trasciende la muerte. Espero que lo puedas experimentar.

Estoy muy agradecido por que hayas escuchado mi charla con tanto amor. Si he dicho algo que te haya molestado, perdóname, pero piensa en ello. No te enfades porque no arreglarás nada enfadándote. Si te ha molestado algo de lo que he dicho, piénsalo y no te enfades. Enfadándote no arreglas nada. El enfado no es una señal de que pienses, sino de pensar mal. Y si te parece que alguna cosa que he dicho está bien, tampoco la creas, experiméntala. Creer es una señal de una inteligencia inferior, y experimentar es una señal de que hay entendimiento y conciencia. Si algo de lo que he dicho te hace sentir mal, piensa en ello. Si lo que he dicho te hace sentir bien, no lo creas y experiméntalo. Cuando experimentas, puedes tener experiencias.

Por último, saludo respetuosamente a la divinidad que hay en cada uno de vosotros. Os ruego que aceptéis mi saludo.

3. El significado del silencio

Amados míos.

Estaba pensando en lo que iba a deciros, y me he acordado de que sería preciso hablar de *vosotros*. Hemos oído hablar mucho de lo divino y hemos oído muchas ideas sobre el alma, pero todo ello no nos sirve para nada si no comprendemos nuestra situación actual. La situación del ser humano en este momento es que está muy aletargado, está prácticamente muerto. En este estado, el hombre no puede conectar ni con la divinidad ni con su ser.

La primera condición para conectar con la divinidad es eliminar ese sopor que hay en nuestro interior. Tenemos que liberarnos de todo lo que nos conduce al letargo mental, y acercarnos a las experiencias que nos conducen a una conciencia más elevada.

Nos han dicho que dentro del ser humano hay un alma. Si lo pensamos, si pensamos en lo que somos en nuestro interior, el ser solo ocupa un uno por ciento y el noventa y nueve por ciento restante es el cuerpo. Hasta que el ser no ocupe el cien por cien, nadie podrá experimentar la verdad.

Cuando hablo del cuerpo, no me refiero solamente a la forma que ves, sino a todas esas cosas que van apagando nuestra conciencia poco a poco. Y así es como te conviertes en el cuerpo. A través de lo que nos enseñan y de nuestra forma de vida, nos vamos volviendo cada vez menos humanos y cada vez más máquinas. Cada día nos convertimos más en autómatas. Y cuanto más autómata sea el hombre, más triunfará en el mundo y más competente lo considerarán. La verdad es que cuanto más muerto esté, más pensará el mundo que ha triunfado.

Por eso, lo primero que quiero pedirte es que compruebes por medio de tu propia experiencia hasta qué punto crees que te has convertido en una máquina. Una persona se levanta todas las mañanas y va a la oficina durante cuarenta años, come a unas horas determinadas, dice cosas que tiene guardadas en su memoria, se acuesta a una hora determinada, y todas sus actividades, día tras día, son automáticas. Esa persona se va apagando cada vez más. La conciencia deja de fluir en su interior, pero una persona apagada y aletargada es la que consideramos competente y eficiente. Y realmente una máquina siempre será más eficiente que una persona, porque las máquinas no se equivocan, empiezan a trabajar a una hora y terminan a una hora.

El progreso ha evolucionado de tal forma que ahora le damos más importancia a las máquinas que al ser humano, y las personas se están convirtiendo poco a poco en máquinas. Cuanto más automático y mecánico seas, más se reducirá tu ser interno. Se cierran todos los caminos que conducen a la manifestación de tu ser.

Si nos observamos, veremos que somos casi como máquinas que repiten las mismas acciones todos los días. Y siempre hacemos lo mismo. Un día nos daremos cuenta de que la persona ha muerto. La muerte es el último paso de esta transformación en máquinas. Nos vamos apagando lentamente.

Los niños están desbordando vida; los ancianos, sin embargo, no tienen tanta vitalidad. Por eso dijo Jesús: «Los que sean como niños experimentarán el Reino de Dios». Esto no significa que sean los más jóvenes los que están más cerca de la divinidad, sino los que tengan una conciencia espontánea que florece naturalmente. Ellos experimentarán la verdad con más facilidad.

En los últimos dos mil o dos mil quinientos años, a medida que el hombre ha ido progresando, también ha disminuido cada vez más la posibilidad de experimentar la verdad. Nuestra facilidad natural y nuestra espontaneidad interior han desaparecido, y ha aumentado nuestra apatía. A nuestra forma de vivir le conviene que estemos más aletargados.

Un hombre se alista en el ejército, pero si es una persona consciente, el ejército lo rechazará. Cuanto más inconsciente sea, mejor soldado será. Su inconsciencia significa que en su interior no hay una inteligencia independiente. Llevará escrupulosamente a cabo todas las órdenes que le den. En su interior no debe haber ningún atisbo de indecisión ni de conciencia. Por eso un soldado se va volviendo cada vez más inconsciente. Cuanto más inconsciente sea, mejor soldado será. Si le decimos que dispare a alguien, no dudará en hacerlo. Simplemente disparará. Si le decimos que gire a la izquierda, lo hará. No piensa.

Una vez completado su entrenamiento, tenemos a un hombre muerto. Obedece todas las órdenes, pero está muerto por dentro. Este es el motivo por el que, a medida que aumenta el número de soldados que hay en el mundo, la religiosidad se va debilitando y está empezando a desaparecer. Los soldados son tan disciplinados que la conciencia no fluye en su interior.

Por eso estoy en contra de los ejércitos, no porque cometan actos violentos, sino porque para que un hombre pueda ejercer la violencia tiene que estar aletargado y sin vida. Y a medida que va aumentando el número de ejércitos que hay en el mundo, hay más gente aletargada y sin vida. El mundo entero se está convirtiendo en un campamento militar. Ahora, incluso cuando llevamos a nuestros hijos al colegio o al instituto, los estamos educando para ser soldados, sin darnos cuenta de que, cuando entrenamos a alguien para ser un soldado, también lo entrenamos para debilitar su conciencia y convertirse en una máquina. Tendrá que hacer lo que le manden y no podrá pensar por su cuenta de forma independiente en ningún momento. Si ocurre esto en todo el mundo, la religiosidad desaparecerá.

Si crees que la religiosidad está desapareciendo por culpa de los ateos, te equivocas. La religiosidad está desapareciendo por culpa de todas las cosas que nos apagan y nos quitan la vitalidad, y por todas las cosas que debilitan nuestra conciencia. Cuanto más nos convirtamos en seguidores de algo, cuanto más disciplinados seamos, cuantas más órdenes obedezcamos, más muertos estaremos por dentro.

William James mencionó un incidente. Contó que habían licenciado a una persona del ejército por una herida casi mortal que había recibido. Una mañana, esa persona estaba volviendo a su casa después de comprar algunas cosas en el mercado del pueblo. Al verlo, William James le comentó a su amigo que los hombres que habían estado en el ejército estaban muy aletargados.

El amigo le preguntó:

–¿Y qué pruebas tienes de eso?

William James dijo:

–Ya verás, si le gritas «¡atentos!», verás como suelta todo lo que tiene en las manos y se endereza para ponerse firme.

El amigo le contestó:

–Me extraña que lo haga.

Así que probaron a hacerlo. Estaban sentados en un hotel. El amigo de James grito «¡Atentos!», y el hombre que iba con toda la compra, bajó inmediatamente los brazos. Le habían licenciado del ejército dos años antes. Cuando se enderezo para ponerse firme, se le cayeron todos los paquetes al suelo y entonces se dio cuenta de lo que acababa de hacer.

James dijo:

–Ese hombre está medio muerto. En su interior ya no queda nada que tenga conciencia, que piense, que sea inteligente.

Los ejércitos están convirtiendo este mundo en un sitio aletargado. Cuanta más tecnología y más aparatos mecánicos hay, más obligada se ve la gente a competir con las máquinas. Y las personas también se están convirtiendo en máquinas. Tienen que habituarse a tener cada vez menos oportunidades de pensar. Cuanto más piense una persona, menos éxito tendrá. Y una persona que no piensa en absoluto nos parecerá que tiene mucho éxito en el mundo. Las tiendas, las oficinas, nuestro trabajo, nuestras máquinas y nuestro progreso industrial están haciendo que la gente esté cada vez más aletargada.

Si tienes algún deseo de ser religioso, tendrás que salirte de este letargo. Cuando una persona se queda aletargada, la pequeña llama de la conciencia se acaba apagando. Entonces, da igual que vayas al templo muy a menudo y que reces mucho. No te servirá para nada. Y la realidad es que quienes te han aletargado son los mismos que se dedican al negocio de la religión.

Una persona repite un mantra quince o treinta minutos al día. Esto es una forma de aletargarse con una repetición automática. Esa persona lo hace todos los días de su vida. Y si un día se olvida de hacerlo, se siente muy mal y dice: «Hoy he empezado mal el día. Esta mañana no he recitado mi mantra. Hoy no he recitado el *Gayatri mantra* o no he rezado. Hoy no he dicho mis oraciones. Me siento mal por eso».

Y esta sensación de incomodidad no es buena. Demuestra que estás tan aletargado por tus costumbres que ni siquiera tienes fuerza para cambiarlas. El hábito de repetir mantras no es muy distinto al de fumar cigarrillos o beber alcohol, al de una persona que se pone nerviosa si no tiene un cigarrillo o algo que beber. Es el mismo hábito. Los hábitos suprimen la conciencia del hombre.

La persona que quiera realizarse deberá tener menos hábitos. Deberá tener menos restricciones en su interior, deberá estar menos aletargada. En la charla de anoche pregunté: «¿Qué quiere decir sensibilidad? ¿Qué significa tener sensibilidad?». Lo que quería señalar es que, cuanto menos aletargado esté el ser humano, más sensibilidad habrá dentro de él. Y cuanto más aletargado esté, más débil será su capacidad de ser sensible. Cuanta más sensibilidad tengamos, más profunda será nuestra experiencia de la verdad. Y cuanto más débil sea nuestra sensibilidad, más lejos estaremos de la verdad.

Por lo tanto, lo que estoy diciendo es que, si eres religioso, tendrás que tener cuidado de que la religión no se convierta en un hábito. La religión no tendría que convertirse en un hábito inconsciente para la gente: ir todas las mañanas al templo, ir al templo a una hora determinada, recitar mantras a una hora determinada y arrodillarse frente a una deidad a una hora determinada. Todas estas cosas se convierten en hábitos inconscientes. La verdad es que el noventa y nueve por ciento de las veces se trata de un habito inconsciente. Este hábito no es bueno ni está bien. Recuerda: si aceptas que los demás te dirijan, te estarás comportando como ellos te digan y estarás actuando como ellos te digan. Eso también es ser inconsciente.

Si te doy una orden y la aceptas, tu conciencia se debilita.

Si alguien te dice algo y lo aceptas, es porque eres inconsciente por dentro. La sociedad te dice que hagas cosas, la cultura te dice que hagas cosas, los sacerdotes te dicen que hagas cosas, y lo hacen basándose en antiguas tradiciones que tienen miles de años. Están invocando las sagradas escrituras, insisten en decirnos lo que está bien y nosotros les creemos y lo aceptamos. Con el tiempo, nos acostumbramos a aceptar cualquier cosa, y se va marchitando la vida que tenía que florecer en nuestro interior.

Para que la vida de un hombre florezca, no debería seguir a nadie, salvo a su conciencia que es capaz de discriminar en su interior. Para que florezca la vida de una persona, tendrá que liberarse de las cosas que la lleven hacia la inconsciencia. Entonces, obviamente surgirá esta pregunta: «¿Eso quiere decir que tendría que dejar de ir a la oficina, que es lo que llevo haciendo los últimos cuarenta años?». En apariencia, eso es lo que significa y es lo que han entendido muchas personas.

Tradicionalmente, todos los *sannyasins* han abandonado la sociedad, su casa, y todo lo que constituye la sociedad, porque piensan que esas cosas les están volviendo inconscientes y por eso renuncian a ellas. Pero están abandonando un tipo de inconsciencia para caer en otra. No hay una gran diferencia entre las dos. Se escapan del mundo para hacerse *sannyasins*, pero ser *sannyasins* los vuelve aún más inconscientes.

Por lo que he podido constatar, no he visto hasta el momento ningún *sannyasin* que tenga más sensibilidad que un padre de familia. Tienen menos sensibilidad, se han vuelto todavía más inconscientes. Tienen menos experiencias vitales. Se han reprimido tanto y su vida se ha amoldado tanto a un patrón que las posibilidades de expandir su conciencia se han quedado reducidas.

Cualquier persona que huya del mundo para convertirse en un *sannyasin*, está cambiando un tipo de inconsciencia por otro. No varía mucho. Pero no se trata de huir del mundo, de huir del trabajo o de huir del hogar. Se trata de seguir haciendo lo que estabas haciendo siendo consciente al mismo tiempo para no generar inconsciencia. Lo que hagas tendría que aumentar tu sensibilidad y tendría que encender la llama de tu conciencia.

¿Cómo puedes conseguirlo? Hay algunas reglas generales de la religiosidad que pueden ayudarte a conseguirlo. Son las condiciones primarias en el camino de la meditación. La primera regla es que cualquier persona que quiera experimentar la verdad deberá evitar el escapismo, tendrá que evitar las tendencias escapistas. Escapar no sirve para nada. Vayas donde vayas, siempre hay problemas. Si eres un tipo de persona cuando estás en un sitio, seguirás siendo el mismo tipo de persona aunque estés en otro sitio.

> He oído que una vez, un frío día de invierno, un anciano estaba sentado frente a la muralla de entrada a su pueblo. Llegó un viajero de otro pueblo y le preguntó:
>
> –¿Qué tal son las personas de este pueblo? Estaba pensando en afincarme aquí.

El anciano dijo:

–Por supuesto, te diré cómo son los habitantes de este pueblo, pero antes me gustaría preguntarte por los habitantes del pueblo en el que vives ahora. Cuando me contestes, te lo diré.

El hombre se quedó sorprendido, y preguntó:

–¿Qué tiene eso que ver con cómo son los habitantes de este pueblo?

El anciano dijo:

–Permíteme que te haga antes esa pregunta, porque sé por experiencia que antes debo preguntarte cómo son los habitantes de tu pueblo.

El viajero contestó:

–No me hables de los habitantes de ese pueblo. Por culpa de esas malas personas me he tenido que ir de allí.

El anciano dijo:

–Entonces, es mejor que busques otro pueblo, porque la gente de este pueblo es mala, son muy malvados. No tiene sentido que te traslades aquí.

El anciano tenía razón en lo que decía.

Cuando el hombre se fue, llegó otra persona preguntando por los habitantes de ese pueblo porque quería instalarse ahí.

El anciano le dijo lo mismo:

–Permíteme preguntarte cómo son los habitantes del pueblo del que vienes.

El hombre dijo:

–Siempre que oigo el nombre de ese pueblo me lleno de felicidad. No he visto mejores personas en ningún sitio.

El anciano dijo:

–Ven e instálate aquí. Eres bienvenido. En este pueblo encontrarás mejores personas que en donde estabas antes.

Nuestra forma de ser va con nosotros a todas partes. Si alguien es infeliz y sufre en su vida familiar, no será feliz convirtiéndose en *sannyasin*, porque seguirá siendo la misma persona. ¿De qué te sirve cambiarte de ropa? ¿De qué te sirve cambiarte de casa? Si un hombre es comerciante y se pasa la vida preocupado y sufriendo, no va a ser feliz por irse a un templo. Seguirá siendo la misma persona. El problema no está en su tienda ni en su casa, el templo no podrá darle la felicidad. Seguirá siendo el mismo vaya donde vaya, porque es su forma de ser. Es un hecho curioso, pero no puedes escaparte de ti mismo. Nadie puede escaparse de sí mismo. Puedes escaparte del resto del mundo, pero seguirás estando contigo mismo. Y crearás el mundo que te rodea según el tipo de persona que seas, estés donde estés.

Por eso, los padres de familia que huyen para convertirse en *sannyasins* establecen otro tipo de familias y crean un nuevo círculo de discípulos y discípulas. Huyen de sus casas para crear un *ashram*. Se libran de una enfermedad para tener otra. Todo lo que dejaron atrás vuelve a aparecer con otra forma y otra cara. Esto es lógico y no tiene nada de extraño porque es la misma persona que estaba antes en casa y trabajaba en la tienda.

El hombre que deja su tienda y se vuelve *sannyasin* se convierte en un empresario de la religión. En el mundo ha surgido el negocio de la religión gracias a los comerciantes que se hicieron *sannyasins*. Su mente, su forma de pensar, sus cálculos y sus cuentas siguen siendo las mismos. Su actitud, su patrón, su enfoque siguen siendo los mismos. Siguen siendo las mismas personas. Por eso, cuantos más comerciantes se conviertan en *sannyasins*, más se convertirá el *sannyas* en un negocio.

El mundo no necesita *sannyasins*, lo que necesita es *sannyas*. No hacen falta *sannyasins*, en mi opinión, lo que necesita el mundo es *sannyas*. No se necesitan *sannyasins*. Cuanto más se expanda el *sannyas* por el mundo, mejor. Pero cuantos más *sannyasins* haya en el mundo, más problemas habrá. Imagínate que todo el mundo fuera *sannyasin*. ¿Qué pasaría con el mundo? Estaría mucho peor de lo que está. Imagínate, por otra parte, que se expandiera el *sannyas* a lo largo y ancho de este mundo. Entonces el mundo sería un sitio mucho mejor.

Por lo tanto, no te estoy diciendo que huyas. Tenemos una tendencia a huir. En cuanto nos encontramos con un problema, pensamos: «Vamos a cambiar de sitio. Vámonos de aquí». Recuerda que el problema no es el sitio, sino lo que surge en tu interior. Por eso, el que piense que debe cambiar de sitio está loco. Y el que piense que debe cambiar su propio estado interno tendrá un primer atisbo de comprensión.

Por eso digo: no huyas, cambia. En vez de huir del sitio donde estás, transfórmate. Mientras no te conviertas en un ser humano mejor, no habrá ningún lugar del mundo donde haya una situación mejor que ahí, independientemente de donde estés. Cuando te conviertas en un ser humano mejor, verás que la situación del sitio donde estás es la mejor, sin importar dónde te encuentres.

Un viajero extranjero hizo un viaje por los países del Este porque quería conocer y entender qué era la meditación. Visitó varios *ashrams* en la India, Tíbet y Japón, y en otros países de Extremo Oriente. Luego viajó a Myanmar. Cuando estaba allí le hablaron muy bien de un *ashram* y le sugirieron que fuera a visitarlo. Los *ashrams* que había visto en la India estaban en la cumbre de una montaña, en la orilla de un lago maravilloso o en magníficos bosques. Los *sannyasins* que vio en la India eran personas con diferentes atuendos que habían renunciado a su hogar. Pensaba que este *ashram* de Myanmar sería parecido y estaría en un hermoso lugar, así que decidió pasar allí tres semanas.

Tomó el tren y cuando llegó al *ashram* se quedó desconcertado. El *ashram* estaba en medio de un mercado, en uno de los peores mercados de Yangon. Había muchísima gente y era un sitio muy ruidoso. Un pequeño cartel y una calle mugrienta conducían al *ashram*.

Era un *ashram* gigantesco. Había quinientos monjes, y también había cientos de perros peleando entre sí. No sabía qué hacer. ¿Qué clase de *ashram* le habían recomendado? Como estaba anocheciendo, cientos de cuervos se estaban resguardando en los árboles contiguos, y estaban haciendo muchísimo ruido y armando un gran alboroto. Pensó para sí: «Pero ¿esto es un *ashram* o es un mercado? ¿Qué sentido tiene que me quede aquí?».

Como ya estaba allí y tenía que pasar la noche ya que no había ningún tren de vuelta hasta el día siguiente, decidió presentarse al monje que dirigía el *ashram*, y le dijo:

–Estoy muy confundido. Yo pensaba que este *ashram* iba a estar cerca de una montaña o a la orilla de un lago, en un sitio bonito, pero descubro que está en medio de un sucio mercado. Y tampoco entiendo por qué hay tantos perros y tantos cuervos.

El monje le dijo:

–Estos perros son nuestras mascotas y nos gusta que vengan los cuervos. Vienen aquí porque todos los días les damos arroz. Hemos criado a los perros como si fuesen nuestras mascotas, y es normal que hagan ruido. Hemos elegido este mercado intencionadamente. Teníamos muchos terrenos a nuestra disposición en la región, pero hemos elegido aposta este mercado. Creemos que si alguien puede estar en paz en medio de un sitio abarrotado y ruidoso, esa será la única paz verdadera. Si alguien puede estar en paz en una montaña, su paz no es verdadera. Esa paz proviene de las montañas y la perderá en cuanto se vaya.

Esta es la razón por la que a un *sannyasin* le da miedo abandonar la montaña y estar entre la gente. Esa es la razón por la que a un *sannyasin* le da miedo renunciar a su soledad y mezclarse con la multitud. Esa es la razón por la que a un *sannyasin* le da miedo la gente y teme perder su paz interior si se acerca a ellos.

Si le dices a un *sannyasin* que se vaya y empiece a encargarse de una tienda, tendrá miedo. Te dirá que ya no tendrá paz. Si le dices a un *sannyasin* que busque un trabajo, te dirá: «Me da miedo porque podría perder la divinidad». Pero la divinidad que se pierde por tener un trabajo o gestionar una tienda no tiene ningún valor. Esa divinidad no vale nada.

Solo es verdad lo que te ocurre dentro de la naturalidad y cotidianidad de la vida, pero algo que sucede en una situación concreta solo se puede aplicar a esa situación y no transforma tu conciencia. Por eso te das cuenta de que todos esos *sannyasins* que te encuentras, cuando intentan adaptarse a lo cotidiano, a la vida diaria, observas que en su interior están mucho peor que tú. Te das cuenta de que están peor que tú y que no sobrevivirán en el día a día. La vida te plantea desafíos, pruebas. Ellos se quedan resguardados en una esquina. Esa paz es artificial y ha surgido del escapismo. Por eso siempre hay miedo y preocupación en su interior, siempre están inquietos. Temen perderlo todo si se mezclan con la multitud.

> Me contaron que había un *sannyasin* que llevaba veinte años viviendo en la cima de una montaña del Himalaya. Ahora creía que había alcanzado la paz absoluta. Fueron a verle algunos de sus devotos. Bajando hacia el valle se estaba celebrando una gran feria, y sus devotos le dijeron:

–Vamos a ir a la feria, ven con nosotros, nos gustaría presentarte a la gente que hay allí.

El *sannyasin* pensó: «Ahora que he alcanzado la paz, ¿qué sentido tiene que me quede aquí? Podría ir con ellos». Y bajó de la montaña para ir a la feria. La gente que había en la feria no le reconoció. El sitio estaba abarrotado de personas y alguien le dio un pisotón.

Cuando ocurrió esto, toda la ira que supuestamente había desaparecido hacía veinte años, salió a relucir de nuevo. Él, sin embargo, seguía siendo la misma persona que había ido a la montaña veinte años antes. Se quedó asombrado viendo lo rápido que había vuelto su ira.

–¡Es sorprendente! –dijo. –Lo que no he podido ver durante veinte años en la montaña, lo he visto en cuanto he entrado en contacto con otro ser humano.

Por eso digo que nadie se vuelve religioso huyendo. Una persona solo puede volverse religiosa a través de la transformación. Así que deberías renunciar a todas las actitudes escapistas. No huyas de ningún sitio y transfórmate, y entonces verás que, cuando te transformes, también cambia el sitio donde estás. No huyas de la gente, transfórmate, y cuando lo hagas verás que la gente que te rodea también se transforma. Si un hombre abandona a su mujer y se escapa, se está equivocando. Transfórmate y comprobarás que esa mujer que pensabas que te atosigaba ya no es la misma. Transfórmate y verás que esa mujer de la que querías huir ahora es distinta. Ya no se comporta como antes.

Lo mejor de la vida se experimenta cuando hay una autotransformación, y no cambiando de lugar. Pero la inconsciencia nos dice que cambiemos de lugar. Por eso te digo que siempre que veas que hay inconsciencia en algún aspecto de tu vida, algunos experimentos internos podrán ayudarte a transformar esa inconsciencia para que experimentes algo nuevo, una conciencia inocente.

Si no eres capaz de defender tu religión, entonces tu religión no vale nada, no tiene poder. ¿Cómo ocurre esto? ¿Cómo se muere algo dentro del hombre? ¿Cómo se queda paralizada la conciencia? La conciencia se queda paralizada por el peso del pasado. Siempre estamos bajo la presión del peso del pasado.

Quizá esto te pueda sorprender. Si llevas vivo unos cuarenta o cincuenta años, habrás ido acumulando cincuenta años de basura, peso y polvo en tu mente. Seguramente limpias tu casa todos los días, pero no limpias tu mente todos los días. Si alguien se pasa cincuenta años sin sacar la basura de su casa, ¿cómo crees que estará la casa? Esto mismo es lo que sucede con la mente.

Vamos acumulando cosas todos los días. Todo lo que nos llega lo guardamos dentro. La llama de nuestra conciencia está abrumada con tanto peso, y se debilita. Hasta que, al final, solo queda el peso y desaparece la conciencia. Pero si una persona se vacía por la noche, limpiando todo lo que ha acumulado durante el día, la llama de su conciencia puede permanecer encendida. Y cuando se levante por la mañana, despertará a un nuevo día, a una nueva mañana, a un nuevo sol y a gente nueva. Se olvidará de que hubo un ayer. Todo lo que haga, todas sus acciones serán espontáneas y de hoy, y no les afectará el ayer.

Si alguien te insultó ayer y te lo vuelves a encontrar hoy, no estás viendo a la persona de hoy, porque se ha entrometido la persona que te insultó ayer. No estás viendo a la persona que tienes delante, sino a la que te insultó ayer. Pero esa persona ya está muerta. Déjala a un lado y mira a la persona que tienes delante. Quizá se haya arrepentido, quizá haya cambiado por la noche. Quizá se arrepienta de lo que hizo. Sin embargo, tú solo ves a la persona que te insultó. Y responderás a la persona que viste ayer, y no a la persona que está aquí hoy.

> Una vez alguien le escupió en la cara a Buda, y luego se marchó enseguida, pero tenía mucho remordimiento y mucho dolor. Lo único que hizo Buda fue limpiarse la cara y decirle:
>
> –¿Tienes algo más que decir?
>
> Uno de los monjes le preguntó a Buda:
>
> –¿Este hombre te acaba de escupir y tú solo le preguntas si tiene algo más que decir?
>
> Buda contestó:
>
> –Seguramente tenía tantas ganas de decir algo y era tan profundo su deseo, que no pudo expresarlo con palabras y ha tenido que hacerlo escupiendo. Estaba sintiendo una rabia profunda, y ha tenido que expresar esa rabia. Por eso le pregunté si no tenía nada más que decir, porque lo anterior ya lo había entendido.

El hombre no fue capaz de decir nada. Se marchó, y luego se arrepintió y volvió al día siguiente para pedirle perdón. Se postró a los pies de Buda y dijo:

–Te ruego que me perdones. Ayer cometí un error.

Buda dijo:

–Ese error no es tan grave como el que estás cometiendo ahora mismo acordándote de lo que ocurrió ayer. –Buda siguió diciendo–: Ese error no ha sido tan grave. Tú me has escupido y yo me he limpiado. Ahí se acaba todo y no pasa nada. No es tan grave, ¿qué problema hay? Pero han pasado veinticuatro horas y tú sigues acordándote. Ese es el gran error. Es un grandísimo error.

»Yo ya no te considero la misma persona que me escupió ayer. La persona que tengo delante ahora es distinta, me está diciendo que se equivocó y me pide perdón, pero no es la persona que me escupió. Es una persona completamente distinta. ¿A quién debería perdonar? El hombre que me escupió ayer ya no está, y el que me está pidiendo que le perdone no me ha escupido.

Buda continuó diciendo:

–El hombre que me escupió ya no está aquí ahora ni en ninguna parte del mundo, y, aunque lo busques, no lo encontrarás. Y el hombre que quiere que le perdone no me ha escupido. ¿A quién debería perdonar? ¿Y a quién le estás pidiendo perdón? El hombre que me escupió se ha ido hace mucho tiempo. Es como un río que fluye, y creemos que este Ganges es el mismo que vimos ayer, pero el Ganges no ha dejado de fluir. Desde tu visita de ayer ha corrido mucha agua. El agua de hoy, que tú sigues creyendo que es el Ganges de ayer, es distinta. Y del mismo modo que fluyen las aguas del Ganges, también fluye tu mente. Está fluyendo en todo momento. En la mente nunca se queda nada detenido.

De modo que Buda le preguntó:

–¿A quién le estás pidiendo perdón? Ese hombre ya no existe. ¿Cómo puedo perdonarte? –Entonces añadió–: Recuerda lo que te estoy diciendo. Deja que se vaya lo que sucedió. Despierta a lo que es.

Tenemos tanto apego al pasado que no estamos despiertos al presente. Vamos cargando con un pasado muerto, y por eso no estamos vivos. Suelta el pasado. Así es como encontrarás la vida. Y cuando alguien suelta el pasado, cada día vuelve a ser una persona nueva. Cada día es alguien nuevo, y está tan despierto como si hubiera nacido por primera vez en el mundo. Dentro de una persona así no se acumula la inconsciencia.

¿Recuerdas el día que viste a tu mujer por primera vez? ¿La sigues viendo del mismo modo ahora? Todo eso ahora es inconsciente. Hay veinte años de recuerdos que se han convertido en una barrera, y las memorias de esos veinte años han creado una gran distancia entre tu mujer y tú, y por eso estáis muy distantes. Por eso ya no puedes experimentar la misma felicidad que sentías en los primeros momentos, cuando viste a tu mujer por primera vez. Si descartas los recuerdos de los últimos veinte años y vuelves a ser una persona nueva, verás a tu mujer como la primera vez y podrás experimentar la misma alegría.

Cuando ves el sol todos los días, se te ocurre pensar: «¿Está volviendo a salir el mismo sol?». El sol nunca vuelve a salir por segunda vez. O cuando pasas junto a unas flores, se te ocurre pensar: «¿Han vuelto a florecer las mismas flores?». Las flores nunca vuelven a florecer. Todo es nuevo. Si dejas de cargar con el peso de todos tus recuerdos, verás que la vida se renueva en cada momento. Y cuando despiertes a esta novedad y te desprendas de tu inconsciencia, empezarás a tener este tipo de experiencias: el conjunto de estas experiencias es la divinidad. Solo entonces comenzarás a tener experiencias de verdad.

Una persona que siempre va cargando con el peso del pasado no puede conocer la divinidad, porque la divinidad está presente en cada momento. La divinidad no está en el pasado. La divinidad es estar presente en cada momento. Una persona agobiada por el peso del pasado no puede conocer el presente. Lo que crea tu inconsciencia es el pasado.

> Un maestro le dijo a su discípulo:
>
> –Vete a ver a mi amigo para aprender lo que no has podido aprender conmigo.
>
> El discípulo fue a ver al amigo de su maestro. Cuando vio que le había mandado a un mesonero, se quedó sorprendido. En cuanto llegó, pensó: «No sé qué me puede enseñar un mesonero». A pesar de todo, se quedó porque su maestro le había mandado ir allí.

El maestro le había dicho:

–Observa todo lo que hace de la mañana a la noche. Aprende toda su rutina diaria.

El discípulo observó su rutina diaria. El hombre trabajaba duro para hacer todas las tareas del mesón.

Al cabo de unos días, el discípulo estaba preparado para volver. No le quedaba nada por aprender, pero pensó: «No sé si hará algo por la noche antes de irse a dormir. Y se levanta muy temprano por la mañana, cuando todavía es de noche; es posible que haga algo a esa hora».

Así que, antes de despedirse del mesonero, le preguntó:

–¿Te puedo preguntar qué haces por la noche antes de acostarte y por la mañana al levantarte?

El hombre dijo:

–Durante el día, se ensucian todos los vasos del mesón, así que tengo que limpiarlos con un trapo antes de acostarme por la noche. Después, por la noche, se vuelven a ensuciar, así que al levantarme por la mañana los vuelvo a limpiar.

El discípulo pensó que le habían mandado a ver a un loco. Este hombre era un pobre mesonero que lo único que hacía era limpiar los vasos.

El discípulo volvió con su maestro y le contó lo que había visto. El maestro le dijo:

–Es la situación correcta, pero solo si la entiendes. –Y añadió–: Aquí los vasos se llenan de polvo durante el día y los limpio por la noche. Por la noche se acumula polvo y los vuelvo a limpiar por la mañana. Eso es lo único que hay que hacer.

La mente se ensucia durante el día. Antes de acostarte por la noche hay que limpiarla, hay que quitarle el polvo. Y por la mañana se ha vuelto a ensuciar con los sueños nocturnos, y hay que volver a limpiarla con un trapo.

¿Cómo se limpia? Sabemos quitar el polvo y limpiar la casa, pero ¿cómo se limpia la mente? ¿Qué tipo de agua debemos usar para lavar el vaso de la mente?

Te lo voy a decir: el silencio. El silencio limpia la mente. Cuanto más en silencio esté una persona, más limpio estará el vaso de su mente. El vaso de la mente se limpia con el agua del silencio. Pero nos hemos olvidado de estar en silencio. Estamos hablando constantemente con los demás y con nosotros mismos. Nos pasamos las veinticuatro horas del día hablando con nosotros mismos o con los demás. Incluso a la hora de dormir, seguimos hablando durante el sueño. Y cuando nos levantamos, enseguida empezamos a hablar. Estamos rodeados de conversación. Nos hemos olvidado del silencio.

Si hay algo que se ha perdido en el mundo, es el silencio. Cuando se pierde el silencio, se pierde lo mejor que nos puede ofrecer la vida, porque todas las cosas buenas surgen del silencio, nacen del silencio.

Por la noche, antes de acostarte, quédate en silencio absoluto un momento, quédate completamente en silencio, en todos los aspectos posibles. Por la mañana, antes de levantarte, quédate un rato tumbado en silencio y después levántate. Y a lo largo del día, durante las veinticuatro horas, siempre que puedas, intenta estar en silencio por dentro. Solo deberías decir lo realmente necesario. Solo deberías pensar lo realmente necesario. De lo contrario, solo debe haber silencio dentro de ti. Y cuando alguien se acuerda conscientemente de estar en silencio en su interior, el silencio empieza a absorberlo cada vez más.

Cuando caminas por la calle, acuérdate de caminar en silencio. Es complicado porque ya tienes una costumbre de toda la vida, o quizá de muchas vidas pasadas. Lentamente, si te lo recuerdas a ti mismo, te acordarás de estar en silencio mientras comes. El silencio no significa que tus labios estén sellados. El silencio quiere decir que no hay movimiento en tu mente, que hay silencio interior. Siempre que tengas la oportunidad, quédate en silencio. No importa si estás en una tienda, en el mercado o en la oficina.

Recuerda que deberías pasar la mayor parte del día en silencio. Con el tiempo, empezarás a notar que surge una persona nueva dentro de ti. Poco a poco, nacerá una persona nueva dentro de ti. Experimentarás una conciencia nueva, y la inconsciencia empezará a desaparecer de tu interior. Llegará un momento en el que ya no haya inconsciencia dentro de ti y solo quede la conciencia.

Cuando una persona está completamente en silencio y se adentra en su conciencia, en ese mismo instante desaparece la experiencia del cuerpo y solo queda la experiencia del ser. Cuando estás en silencio absoluto, ya no estás en el mundo, sino en la divinidad. Esto es lo que yo llamo *sannyas*. Este individuo, que puede hacer cualquier actividad en silencio, es un *sannyasin*. Este individuo, que puede estar en silencio independientemente de lo que haga, es un *sannyasin*. La persona que está en silencio por dentro ha alcanzado el *sannyas*, porque solo el silencio abre la puerta a la divinidad. Solo el silencio abre la puerta a la conciencia infinita. Solo el silencio abre la puerta a lo que está más allá de la materia.

Recuerda que solo merece la pena buscar el silencio, solo merece la pena encontrar el silencio, solo merece la pena alcanzar el silencio. El mundo está rompiendo el silencio que hay en tu interior las veinticuatro horas del día, y tú mismo interfieres en tu silencio las veinticuatro horas del día. Incluso cuando lees las sagradas escrituras, recitas libros sagrados o contemplas ideas filosóficas, estás interfiriendo en tu silencio interior.

Quédate en silencio. No hay nada mejor que eso. Y experimenta el silencio que hay en tu interior cuando no hay nadie hablando, cuando hay silencio absoluto, como si estuvieras callado en un sitio lejano y solitario, en un bosque donde no canta ni un pájaro. Ese silencio absoluto está en tu interior, y entonces experimentarás que no eres una persona ordinaria. No eres una persona confinada en un cuerpo. Tu conciencia se puede elevar hasta el cielo. Y lo que ves en ese silencio, lo que experimentas en ese silencio, lo que oyes en ese silencio, es la divinidad. Este silencio es lo que yo llamo oración. Este silencio es lo que yo llamo meditación. Este silencio es lo que yo llamo *samadhi*.

Para experimentar este silencio, no necesitas que te lo enseñe nadie, porque todo lo que aprendas se convierte en un diálogo en tu interior. No necesitas estudiar las sagradas escrituras para experimentarlo. No necesitas irte a la montaña para experimentarlo. Estés donde estés, recuerda y asegúrate de que no haya ningún parloteo innecesario en tu interior. Y si hay un discurso necesario, quédate en silencio y sé testigo de ello, pero no hagas nada más.

Te sorprenderás de que experimentas algo nuevo dentro de ti simplemente siendo un testigo silencioso del ruido que hay en tu interior. Eso se llama atestiguar. Hay ruido, pero está lejos. Y luego experimentarás que la mente está ocupada con el diálogo, pero el ser está tranquilo y en silencio. Esa conciencia que atestigua es tu ser. Está en silencio eterno.

Cuando esta experiencia va profundizando, el parloteo interno se detiene, el diálogo interno desaparece, y llega un momento en el que no hay pensamientos en tu interior. Y cuando no hay pensamientos, nace la capacidad de pensar. Mientras siga habiendo pensamientos, no surgirá la capacidad de pensar. Cuantos más pensamientos haya, más interferencias habrá. Un loco está lleno de pensamientos y por eso no es capaz de discriminar.

Esta es la razón por la que los mayores pensadores del mundo se han vuelto locos. Es una prueba de que un pensador no experimenta la verdad. Hasta ahora, no ha habido ningún pensador que experimente la verdad, ni lo habrá en el futuro.

Cuando decimos que Buda y Mahavira eran pensadores,

nos equivocamos. No eran pensadores. Habían dejado de pensar. Habían dejado de pensar y se quedaron en silencio. Eran personas que tenían la capacidad de ver, y cuando alguien ve, lo consigue todo.

Voy a completar mi charla con una breve historia...

En tiempos de las *Upanishads*, un joven fue en busca de la verdad. Se postró a los pies de un maestro y dijo:

–He venido en busca de la verdad.

El maestro le preguntó:

–¿Lo que tú quieres es experimentar la verdad o saber algo acerca de la verdad? ¿Quieres conocer la verdad o quieres saber algo sobre la verdad? Si quieres saber algo sobre la verdad, te puedes quedar aquí conmigo. Pero si lo que quieres es conocer la verdad, eso es más complicado.

El joven dijo:

–He venido a conocer la verdad y no a saber algo sobre la verdad. Si quisiera saber algo sobre la verdad, me habría dirigido a mi padre que es un gran erudito. Él conoce perfectamente las sagradas escrituras. Pero cuando le dije que quería conocer la verdad, me contestó: «Vete a otro sitio porque yo no te lo puedo enseñar. Yo sé cosas sobre la verdad, soy una persona instruida, pero no conozco la verdad». Por eso he venido aquí a conocer la verdad.

El maestro le dijo:

–Entonces, haz lo siguiente. Reúne todas las vacas que hay en el *ashram*, que son unas cuatrocientas vacas, y llévatelas. Vete a un bosque remoto donde no haya nadie. Cuando tengas mil vacas (porque se van reproduciendo y un día llegarán a ser mil), vuelve aquí. Durante todo este tiempo, tendrás que cumplir una sola condición en tu cabeza: siempre que quieras hablar, habla con las vacas. Todo lo que quieras decir, díselo a las vacas. No hables con ningún ser humano. Todo lo que sientas en tu corazón, cuéntaselo a ellas. Y aléjate mucho para que no haya gente a tu alrededor. Y cuando tengas mil vacas, vuelve.

El joven reunió las cuatrocientas vacas y se fue a un bosque. Se alejó mucho para que no hubiera nadie a su alrededor. Se quedó solo con las vacas. Solo podía hablar con ellas, porque no había nadie más. Cuando tenía que decir algo, se lo decía a las vacas. Pero ¿qué les podía decir? ¿Qué podía hablar con ellas? En sus ojos no había ningún indicio de pensamiento.

¿Alguna vez has visto los ojos de una vaca? Cuando tus ojos sean como los de una vaca, sabrás que has llegado. En sus ojos no hay pensamientos, solo hay vacío. Él veía sus ojos. Estaba con ellas, las llevaba a pastar, les daba agua..., y siempre estaba solo. Dormía entre las vacas.

Fueron pasando los años. En los primeros años se acordaba de su casa, pero cuando no nutres la memoria, los recuerdos antiguos se van desvaneciendo. Nuestra memoria se alimenta de nuevas impresiones y unos recuerdos van reemplazando a otros. Los recuerdos antiguos se desvanecen y llegan los nuevos. Ahora no le ocurría nada que generarara nuevos recuerdos. Vivía entre las vacas, no había motivos para guardar nuevos recuerdos. No se estaban creando nuevas memorias y las antiguas no podían alimentarse, de modo que fueron desapareciendo. Viviendo entre el rebaño, se fue convirtiendo en una vaca más. Incluso se olvidó de contarlas. Su maestro le había dicho: «Cuando tengas mil, tráemelas de vuelta». Pero cuando fueron mil, él ya se había olvidado completamente.

Es una historia muy bonita. Las vacas le dijeron:

–Ya somos mil. Tenemos que volver.

Esto probablemente es ficción, pero solo quiere decir que él ya se había olvidado de contarlas. Y cuando le dijeron: «Somos mil, tenemos que volver», él volvió.

El maestro vio venir al rebaño de vacas desde la lejanía, y les dijo a sus discípulos:

–Mirad, son mil y una. Vienen mil y una vacas.

Los discípulos preguntaron:

–¿Mil y una? ¿Y el joven que va con ellas?

El maestro dijo:

–Fijaos en sus ojos. Ya no es un ser humano. Ya no es un hombre. —Cuando estaba cerca, el maestro lo abrazó y le preguntó—: Dime, ¿has encontrado la verdad?

El joven guardó silencio, y finalmente dijo:

–Solo he venido para postrarme a tus pies.

Se postró a sus pies y se marchó.

En medio de ese silencio había aprendido lo único que merece la pena saber.

Un verdadero maestro siempre ofrece el silencio. Un falso maestro ofrece palabras. Un verdadero maestro te quita todos los textos sagrados, pero un falso maestro te da más. Un verdadero maestro te ayuda a trascender tus pensamientos, pero un falso maestro te inculca más pensamientos en la cabeza. Y eso es lo que ha ocurrido.

Si quieres conocer la verdad –no algo sobre la verdad–, quédate en silencio, permanece callado. Busca el silencio, encuentra el silencio. No lo has encontrado porque no lo has buscado conscientemente. Sin embargo, no hay duda de que se puede buscar. ¿Por qué? Porque buscar un pensamiento es difícil, pero el silencio forma parte de nuestra propia naturaleza. Solo hay que hacer un pequeño esfuerzo para que nuestra naturaleza intrínseca empiece a fluir, para que la inconsciencia se fracture y ceda, y empiece a fluir una corriente estable de conciencia.

Cuando fluye la conciencia, tu vida se transforma por completo desde la raíz, y todo lo que ocurre es bueno. Ya no tienes que imponerte disciplinas ni direcciones desde el exterior, no tienes que obligarte a observar un comportamiento determinado desde el exterior. Ahora todo lo que te ocurre es bueno y es verdad.

No bloquees el flujo de la conciencia con el letargo de la inconsciencia. Una vida inconsciente tiende a generar letargo. No dejes que te embargue la inconsciencia y el letargo de la vida. Si haces este esfuerzo activamente, serás una persona religiosa. Y no serás religioso solo por ser hindú, musulmán o católico. Eres religioso porque te has embarcado en una lucha interna contra la inconsciencia. Y si te esfuerzas con la esperanza de alcanzar la conciencia, esperando la conciencia, rezando por la conciencia, entonces, eres religioso.

Ojalá que lo divino te ayude a ser religioso. Ojalá que puedas liberarte de todas las supuestas religiones y que realmente seas religioso. Ojalá que te liberes de todos los supuestos templos, mezquitas e iglesias, y que seas verdaderamente religioso. Si nace una religiosidad de este tipo en el mundo, podremos salvar a la humanidad. De lo contrario, pronto seremos todos autómatas, máquinas trabajando con máquinas. No podrás encontrar un verdadero ser humano en ninguna parte. El ser humano está muriendo y las máquinas están ganando. Todos nos estamos convirtiendo cada vez más en máquinas. Es lo peor que le puede suceder a la humanidad. No sería tan grave que lanzaran una bomba atómica o una bomba de hidrógeno, pero si toda la humanidad se vuelve inconsciente como las máquinas, será el fin. Desaparecerá todo el amor, la belleza, la verdad y la bondad. Estas cosas surgen por la expansión de la conciencia.

Deshazte de toda la inconsciencia que hay en tu interior y expande tu conciencia. La ley de la expansión de la conciencia es esta: cuanto más callado, más vacío, más meditativo y más despierto estés por dentro, más podrás experimentar el silencio.

Ojalá que lo divino se lleve todas tus palabras, ojalá que lo divino se lleve todos tus pensamientos, ojalá que lo divino te ayude a estar callado, vacío y con pocos pensamientos, y ojalá que tu ser sea pobre de pensamientos. Esto te hará enormemente rico y encontrarás la puerta a infinitas riquezas. Esta es mi oración para ti.

Estoy muy agradecido por que me hayáis escuchado mientras estáis aquí sentados soportando el calor. Le rezo a la divinidad que hay en todos y en cada uno de vosotros. Os ruego que aceptéis mi saludo.

4. El ser y la verdad

Amados míos.

Antes de empezar a hablar, siempre pienso una cosa. Cuando un campesino siembra semillas en la tierra, se pregunta si las semillas brotarán o no en ese suelo. Antes de empezar a hablar, yo también me pregunto si me estáis oyendo y entendéis lo que digo. ¿Les llegará a vuestros corazones? ¿Brotará en vuestro interior esta semilla?

Cuando lo pienso, me siento impotente. Me siento impotente porque las semillas de los pensamientos solo se convierten en entendimiento dentro de los corazones de quienes tienen interés por entender. Solo son capaces de escuchar los corazones que tienen un profundo anhelo en su interior. De lo contrario, aunque parezca que los pensamientos llegan a los corazones, luego no pueden entrar dentro de ellos ni crecer. Si no hay un anhelo, nadie es capaz de escuchar.

Por eso, no todos los que estáis aquí sentados estáis escuchando. Mis palabras no os llegarán a todos. Espero que les lleguen al menos a algunas personas, y con eso me conformo. Con que le llegue a una persona, me bastará, estaré satisfecho con el resultado. Y estoy seguro de que ocurrirá. Espero que os lleguen a todos, y confío en que todos hayáis venido aquí buscando entender.

En nuestro mundo, cada vez disminuye más el deseo de la verdad y la divinidad. Cada vez es menor nuestro interés por saber la verdad. ¿Por qué lo digo? Porque cada vez hay menos interés por la religiosidad. ¿Por qué lo digo? Lo digo porque si te interesa la religiosidad, no quieres pertenecer a una religión oficial. Si deseas la religiosidad, no quieres ser hindú, ni jainista, ni musulmán ni cristiano.

Las personas que tienen un anhelo buscarán, se atreverán, investigarán, indagarán y lucharán por alcanzar la verdad, pero si no hay un anhelo interno, aceptarán los pensamientos que han recibido de sus padres, y eso es lo que seguirán. Cuando a una persona se le impone una religión desde antes de nacer, no hay sed de religiosidad. Aunque no nos quedamos satisfechos si otra persona se come la comida, ni nos gusta usar ropa de segunda mano, sin embargo, estamos totalmente dispuestos a aceptar las ideas y pensamientos de los demás. Estamos de acuerdo con sus tradiciones y las seguimos. Lo que define nuestra religión es la coincidencia accidental de nacer en una determinada familia, y aceptamos esa religión sin dudarlo. Esto es una señal de que nuestro anhelo interno ha sido reprimido.

Las personas que no dudan de las tradiciones y que no tienen necesidad de comprender ni de cuestionar los postulados y las creencias establecidas, realmente no tienen ningún anhelo en su interior. Si lo tuvieran, el fuego de ese anhelo les haría rebelarse. La religiosidad o la verdad y la búsqueda de la verdad es una rebelión. Fundamentalmente, es rebeldía. Si no surge una rebeldía en tu interior y aceptas todo lo que te diga la tradición y el pasado calladamente, nunca serás religioso.

Mahavira no quiso aceptar lo que le daban. Buda y Jesús tampoco lo aceptaron. Cuando alguien encuentra la verdad, no lo consigue aceptando lo que ha recibido de la tradición. Todos ellos dicen: «Indagaremos, llegaremos a saber, lo reconoceremos. Pero antes lo queremos experimentar personalmente y luego lo aceptaremos».

Todo el que esté dispuesto a aceptar algo sin experimentarlo realmente no tiene un anhelo. Su anhelo es falso porque ¿qué se puede decir de alguien que tiene mucha sed y se contenta con la palabra *agua*? Diremos que realmente no tenía sed. Nosotros nos conformamos con las palabras *ser* y *Dios*. Eso quiere decir que en nuestro interior no hay un verdadero anhelo. Si realmente tuviéramos sed, querríamos agua y no palabras. ¿Cómo puede alguien calmar su sed con la palabra *agua*? Sin embargo, veo a gente que parece religiosa estudiando las sagradas escrituras que se contentan con eso. Su anhelo sin duda es falso.

Un anhelo que se conforma con las sagradas escrituras no puede ser verdad. Además de palabras, ¿qué más hay en las escrituras? En las escrituras no hay nada, solo hay palabras. La verdad está en nuestro interior, la verdad está dentro de la existencia tal como es. Si alguien no se adentra en su interior ni en la existencia tal como es, no podrá encontrar la verdad. Por eso, alguien que tiene un gran anhelo, un ardiente deseo, no puede estar de acuerdo con la tradición. No está atado a las creencias y se aleja de todas las creencias.

Cuando una persona se libera de todos los postulados y creencias, surge en su interior mucha angustia, miedo, preocupación y descontento. Cuando surge un descontento tan grande y dentro de sí hay un fuego y un ardiente deseo de buscar la vida, entonces podrá elevarse por encima de la conciencia ordinaria de la vida diaria y conectar con la conciencia absoluta.

Por eso, cuando alguien dice que la religión es complacencia, yo digo que no es verdad. La religiosidad es un profundo descontento. Si alguien te dice que un hombre religioso es un hombre satisfecho, te diré que está equivocado. Un hombre religioso es un hombre muy descontento, y no hay nada que le dé satisfacción. Cuando este descontento es muy intenso, el fuego de ese descontento hace que se eleve su conciencia. Este viaje hacia arriba comienza por el descontento.

No sé si en tu interior hay un anhelo tan grande o no, pero le pido a lo divino que surja dentro de ti ese anhelo y que puedas liberarte de todos los pensamientos e ideas que recibiste al nacer. Si alguien está de acuerdo con todas las ideas que le han inculcado, también morirá estando de acuerdo con ellas. No podrá tener una propia experiencia y auténtica. Olvídate de todas las tradiciones, por favor. Deja a un lado todo lo que hayas recibido de los demás, y pregúntate: «¿Qué he conseguido yo mismo?». ¿Qué has conseguido en el ámbito de las experiencias?

> Me contaron que había un *sannyasin* que había ido a visitar el *ashram* de su maestro. Estuvo escuchando los discursos de su maestro durante muchos días, y después de escucharlo

tenía la impresión de que en todos sus discursos repetía lo mismo. Y empezó a pensar que tendría que buscar otro sitio. Y en el momento en que esta idea fue tomando forma en su mente, llegó un nuevo *sannyasin* al *ashram*. Desde que llegó ese *sannyasin*, empezó a hablar de temas interesantes de filosofía y de los principios fundamentales. Armó tanto revuelo con sus ideas que el *sannyasin* que estaba pensando irse, pensó: «Si hay un verdadero maestro, debería ser como este nuevo *sannyasin*. –Y siguió pensando–: Cuando le oiga hablar mi anciano maestro, se va a sentir pequeño e inferior».

El nuevo *sannyasin* estuvo exponiendo sus ideas durante un par de horas, y al terminar, miró lleno de orgullo a todo el mundo a su alrededor, como queriendo preguntar si les había gustado. También miró al maestro del *ashram*. El anciano maestro se echó a reír, y vale la pena recordar lo que dijo. Dijo:

–Amigo mío, te he escuchado atentamente con todo mi cariño durante dos horas, y esperaba que dijeras algo, pero no has dicho nada.

El *sannyasin* se quedó sorprendido y dijo:

–¿Estás loco? He estado hablando durante dos horas. No he hecho otra cosa.

El anciano maestro dijo:

–Te he escuchado mientras hablabas, pero no eras tú el que hablaba, había otra persona que hablaba en tu interior: eran las sagradas escrituras, la cultura, la tradición. Tú no has dicho nada.

De modo que busca en tu interior. Todas esas opiniones y experiencias que crees que son verdaderas, ¿realmente son tuyas o son de otras personas que están hablando a través de ti? No hay persona más pobre que la que no tiene dentro de sí su propia voz y solo está llena de las voces de los demás. No hay nadie más débil ni más pobre que una persona que no tenga una experiencia propia, y que haya tomado prestadas las experiencias de los demás. Una persona así solo es un reflejo. Está lleno de las voces de los demás y las reproduce. Es como este micrófono por el que estoy hablando ahora mismo, que solo reproduce mi voz.

¿No te das cuenta de que se repiten dentro de ti las voces de Mahavira, Buda, Krishna, Jesús y Mahoma? ¿No tienes tu propia voz? ¿No tienes tu propia canción? Si lo único que hay es una repetición, entonces estás vacío, estás muerto, no estás vivo. Lo único que te puede hacer sentir vivo son tus propias experiencias. Ninguna escritura puede hacer que te sientas vivo, ningún maestro puede hacer que te sientas vivo. Solo tu propia experiencia puede hacerte sentir vivo. Cuantas más experiencias tenga una persona, más rica será, más próspera será, más tesoros tendrá. Sin embargo, nadie busca sus propios tesoros.

Buscamos tesoros con los que construir grandes casas, ser famosos, tener amplias mansiones y una posición de poder. Estos son los tesoros que buscamos. Nos ocupamos de buscar tesoros triviales, sin embargo, en lo que se refiere al tesoro principal, aceptamos todo lo que nos digan los demás. ¿No es esto una prueba de que no hay ningún interés por buscar el tesoro principal?

Normalmente, no pensamos que Mahavira ni Buda fueran ricos. ¿Qué tenían ellos que ver con la riqueza? Nosotros buscamos obtener nuestra propia riqueza, pero cuando se trata de la verdad, hablamos de Mahavira, de Buda, de la *Gita*, del Corán y de la Biblia, y decimos que contienen la verdad. Cuando se trata de la verdad, aceptamos la de los demás, pero cuando se trata de la riqueza, buscamos la nuestra. Es el grado máximo del engaño a ti mismo. Si somos capaces de buscar nuestra propia riqueza y nuestras propias posesiones triviales, para alcanzar la verdad y lo supremo también tendremos que hacerlo nosotros mismos. Y antes de comenzar esta búsqueda, tendremos que saber si poseemos algo o no.

He viajado a muchos rincones de este país, y no sé a cuantos sacerdotes y filósofos he escuchado, pero siempre me ha parecido que solo estaban recitando los libros sagrados. No tienen un mensaje personal. De sus bocas salen grandes palabras filosóficas, sin embargo, son todas falsas, porque todo lo que tomes de otra persona será su verdad, pero no la tuya. Cuando repites algo, cuando te haces eco de algo, esa verdad no puede ser tuya. La verdad solo puede ser verdad cuando se trata de tu propia experiencia. Si se trata de la experiencia de otra persona, entonces no es verdad. Por eso, cuando nacen, todas las religiones están vivas. La persona que experimentó esa verdad hizo que estuvieran vivas, pero, al partir, empezaron a morirse y ahora solo queda un cadáver.

Y así es como se ha podrido nuestro mundo, por culpa de todas esas religiones muertas. Todas las religiones están muertas, y lo están porque los creyentes no han encontrado su propia verdad. Tu propia verdad es lo más grande que pueda haber. Debes saber que es el mayor tesoro que existe. Si alguien no experimenta su propia verdad, algún día lo lamentará. Y entonces se dará cuenta de que todos los tesoros que ha ido acumulando no sirven para nada. La muerte se lo llevará todo excepto la experiencia de la verdad. La muerte se lo lleva todo excepto la experiencia de la verdad, pero estamos tan locos que buscamos de todo en esta vida, excepto la verdad.

Hay una historia que me encantó, por eso siempre se la cuento a la gente...

> Nanak pasaba por un pueblo y pensaba dormir allí esa noche, cuando se le acercó un hombre rico del pueblo. Postrándose a sus pies, le dijo:
>
> –Te ruego que te lleves todo lo que tengo y que aproveches toda mi riqueza para hacer el bien. ¿Cómo puedo encontrar a alguien mejor que tú? Pídeme lo que quieras, y lo haré. Me pidas lo que me pidas, lo cumpliré.
>
> Nanak lo miró de arriba abajo, y luego bajó su mirada.
>
> –¿Por qué no dices nada? –preguntó el hombre.
>
> Nanak dijo:
>
> –Veo que no tienes nada. Creo que eres un hombre muy pobre.
>
> El hombre dijo:

–No te dejes engañar por mi ropa. Aunque te parezca un hombre corriente, no te puedes hacer una idea de mi riqueza. No hay nadie más rico en toda esta región.

Nanak respondió:

–Yo no veo nada que me indique que tienes algo. He conocido a gente muy pobre, pero tú eres el más pobre de todos. Si sigues sin creerme, te ruego que hagas una pequeña cosa. Si consigues hacerlo, entonces te daré tareas más difíciles para que las puedas cumplir. Solo quiero hacerte una prueba.

El hombre dijo:

–Dime lo que sea, y lo haré aunque me cueste toda mi fortuna.

Nanak sacó una aguja de entre su ropa, una aguja de coser, y le dijo al hombre:

–Guárdatela y devuélvemela cuando los dos hayamos muerto.

El hombre pensó: «¡Este hombre debe de estar loco! Creo que me he acercado a la persona equivocada. Primero me dice que soy un hombre pobre, y ahora me está diciendo que le devuelva esta aguja cuando los dos hayamos muerto. Pero no me parece adecuado devolvérsela enseguida, justamente cuando acabo de decirle que haría todo lo que me pidiera».

El hombre tomó la aguja y se marchó. Pidió consejo a sus amigos y pensó en ello toda la noche, pero seguía sin entenderlo. No veía ninguna salida. Intentó guardar la aguja en su puño, pero el puño siempre se queda a este lado de la existencia. Intentó pensar en todas las formas posibles de llevarse la aguja cuando muriera, pero sus pensamientos no le conducían a nada. No puedes guardarte nada después de la muerte.

Al día siguiente, muy temprano, fue corriendo a ver a Nanak, se postró a sus pies y le dijo:

–Quiero reconocer mi pobreza antes de que llegue nadie. Te devuelvo la aguja por si acaso me muero antes y no puedo devolvértela, porque entonces estaría en deuda contigo. Cuando me haya muerto, no te la podré devolver, así que te la devuelvo ahora mientras estoy vivo.

Nanak dijo:

–En la vida no hay que cometer el error de acumular cosas que no puedas llevarte contigo cuando mueras. Y lo que quieras devolver (porque no podrás hacerlo cuando te hayas muerto), te ruego que se lo devuelvas a la vida. No acumules ese tipo de cosas. No me devuelvas solo a mí la aguja. Devuélvele a la vida todo lo que hayas acumulado y que no te puedas llevar después de morir.

En realidad, estamos tapando nuestra pobreza interior con una fachada vacía y falsa de riqueza y posesiones. Cuanto más pobre sea una persona, mayor será su deseo de riqueza. Cuanto más baja sea la posición de una persona, más elevada será su ambición de poder. Las personas que están en una posición elevada son personas muy corrientes e inferiores. Buscan posiciones elevadas para olvidarse de su inferioridad. Y los que buscan grandes riquezas son personas muy pobres que intentan tapar su pobreza con sus riquezas y posesiones. Por eso, en el mundo, un hombre pobre parece rico, y el que es débil y no tiene poder parece estar en una posición elevada de poder.

Jesús dijo: «Bienaventurados los últimos». Jesús dijo: «Bienaventurados los que puedan ser los últimos, porque también podrán ser los primeros. Bienaventurados los que puedan ser pobres, porque su pobreza es señal de que no han tapado su pobreza con riquezas. Bienaventurados los que puedan estar en una posición inferior y humilde, porque ni siquiera piensan en ascender más alto». Dentro de su corazón, nadie es inferior a nadie, de modo que no hay necesidad de trepar más alto que nadie. Por eso, en el mundo, los ricos parecen pobres y los pobres parecen ricos. Y el que es un emperador sigue siendo un mendigo, y los mendigos han intentado ser emperadores.

Esa mañana, Nanak le dijo al hombre: «Vuelve a pensarlo, ¿qué es lo que tienes? Lo que no pueda ir más allá de la muerte yo lo considero un castigo, y lo que pueda ir más allá de la muerte lo considero un tesoro».

Me gustaría añadir que el único tesoro que existe es aquel que te puedas llevar más allá de la muerte, y ese tesoro es la verdad. No hay más tesoros, no hay ningún otro tesoro que no se destruya con la llamarada de la muerte. Solo hay un tesoro, y es la verdad. Para ti, sin embargo, es algo prestado. Te lo han dado otras personas. Lo has recibido de Mahavira, de Krishna, de Jesús. Lo has recibido de la *Gita*, del Corán, de la Biblia. Aunque sea un tesoro, ese tesoro no es tuyo. Y lo que consideras tu tesoro, ni siquiera es tuyo ni podrá serlo. Tendrás que abandonarlo. Estás acumulando cosas que tendrás que abandonar, y te estás enfocando en grandes palabras y nombres, alejándote de lo que podría quedarse contigo.

Por favor, recuerda que la verdad solo puede ser tuya si proviene de ti. Por eso no debes tomar como tu verdad todo lo que te ha sido dado por la sociedad, las tradiciones y la educación.

Una vez, estaba en un pueblo y me llevaron a visitar un orfanato. Allí me contaron que les daban clases de religión a los más pequeños. Yo me quedé sorprendido porque tengo una opinión bastante diferente sobre todo esto. Creo que la religión no es algo que se pueda enseñar en modo alguno. Y cuando hay una enseñanza religiosa, están enseñando ideas equivocadas en nombre de la religión. En realidad, la religiosidad se puede buscar, pero no se puede enseñar.

–Me extraña –les dije–. ¿Cómo se puede enseñar la religiosidad? Me gustaría saber qué les estáis enseñando.

–Pregúntales a los niños lo que quieras, y ellos sabrán la respuesta –me dijeron.

–Preguntádselo vosotros y yo escucharé –les dije–, porque ni siquiera sé qué preguntas religiosas hacerles. Todas las preguntas que hay en las sagradas escrituras me parecen banales. Ninguna de ellas es una pregunta religiosa, y las respuestas son todavía más banales. Os ruego que les hagáis vosotros la pregunta.

Así que les preguntaron a los niños:

–¿Dónde está el alma?

Todos los niños se señalaron el pecho con la mano, y dijeron:

–Aquí.

Yo le pregunté a uno de los niños:

–Tú dices que está aquí. ¿Qué quieres decir con eso?

El niño contestó:

–Nos han enseñado que el alma está en el corazón.

Y yo le pregunté:

–¿Y dónde está el corazón?

El niño dijo:

–Eso no nos lo han dicho.

Le dije a mi guía:

–Estáis maltratando a estos niños, estáis siendo injustos con ellos. Les estáis enseñando que su ser está aquí, y eso es lo que aprenderán. Y siempre que alguien les pregunte dónde está el alma, se señalarán automáticamente el pecho diciendo que está ahí. Esa respuesta es incorrecta porque la han recibido de otras personas.

Por culpa de esta respuesta, desaparecerá la pregunta. Esto hará que no surja en su interior una indagación que podría encaminarlos a buscar su ser. Ya les han dado la respuesta de antemano, es una respuesta prefabricada y la aceptarán desde su infancia, cuando su estado mental aún es inconsciente. Las personas supuestamente religiosas les están llenando la cabeza a estos pobres niños con sus enseñanzas y sus ideas, cuando los niños todavía no se dan cuenta y no tienen un pensamiento crítico ni una conciencia. No puede haber nada más malvado ni un pecado más grande que este. Por culpa de lo que les has metido en la cabeza, seguirán repitiendo lo mismo toda su vida creyendo que han encontrado la verdad. Pero no la han encontrado, solo han aprendido ciertas palabras y ciertos conceptos.

Tú también has aprendido palabras. Intenta recordar si te las han dado los demás o si han surgido de tu propia experiencia. Y si descubres que te las han dado los demás, por favor, déjalas a un lado y olvídate de ellas. Antes de experimentar la verdad, tendrás que olvidarte de todo lo que has aprendido sobre la verdad. Tendrás que olvidarte de todo lo que te han enseñado sobre la verdad.

Si quieres saber la verdad, si quieres experimentar la divinidad, olvídate de todo lo que sabes sobre la divinidad. Solo te han llenado la cabeza de tonterías. Si logramos vaciar la mente de todas esas tonterías que nos han enseñado, podrá surgir el verdadero conocimiento. El verdadero conocimiento no se puede enseñar, porque es nuestra propia naturaleza. Cuando nos lo enseñan, lo que nos meten en la cabeza viene de fuera, y no es el verdadero conocimiento. El verdadero conocimiento siempre surge en nuestro interior. Si el verdadero conocimiento es nuestra propia naturaleza y nuestra capacidad inherente, entonces nunca te lo podrán inculcar desde fuera. Vendrá de dentro. Y para que pueda venir de dentro, cualquier cosa que nos hayan inculcado desde el exterior será un obstáculo.

Cuando llenas un depósito de agua con agua del exterior, eso también es agua. El conocimiento que hay en la mente de un erudito es como el agua de un depósito. Pero el agua también puede provenir de un pozo, y cuando alguien alcanza el conocimiento, es como el agua fresca de un pozo. No hace falta traer agua de fuera, solo hay que retirar la tierra, los guijarros y las piedras, para que salga el agua que hay debajo. Pero el conocimiento de un sacerdote es como llenar un depósito de agua: no tienes que limpiarlo para que salga el agua.

Cualquier conocimiento que venga de fuera se acumulará en tu interior como si fuera un depósito. No es un fenómeno vital, no has tenido que abrir tu manantial, y, por otro lado, el agua se estropea muy rápido si se queda estancada. Por eso, la mente más estancada que existe es la de las autoridades religiosas. Los sacerdotes y autoridades son el origen de todos los problemas que hay en el mundo, y son los responsables de todas las guerras y enfrentamientos. Son tan grandes los problemas que ocasionan todos esos sacerdotes y autoridades eclesiásticas en el mundo que ni siquiera las personas malvadas ni los criminales hacen tanto daño. Encarcelan a las personas malvadas porque son criminales, y, sin embargo, alaban a los sacerdotes y autoridades religiosas. Todo el derramamiento de sangre que hay en el mundo, la increíble opresión que sufre el ser humano y las divisiones que hay entre los seres humanos han sido provocados por los sacerdotes y las autoridades religiosas, y, sin embargo, a ellos no los llamamos criminales, al contrario, reciben honores y alabanzas.

Si te fijas en la historia de la humanidad, verás que el noventa y nueve por ciento del derramamiento de sangre es por culpa de los sacerdotes, y un uno por ciento es por culpa de los criminales. Todas las divisiones, luchas y problemas que hay entre los seres humanos han sido ocasionadas por los sacerdotes. Yo creo que detrás de todo esto tiene que haber una explicación: cuando añades agua desde fuera, el agua se estanca y se contamina en su interior. No es un manantial vivo.

No importa a qué religión pertenezca un sacerdote. El conocimiento del exterior que ha ido acumulando en su interior se empieza a ensuciar y se pudre poco a poco, y esa podredumbre se manifiesta de muchas maneras. Es la causa de que se hayan extendido tanto el odio y la violencia. Es la causa de la división que hay entre los hombres.

El verdadero conocimiento proviene del interior, no del exterior. Y solo surge apartando el conocimiento que proviene del exterior. El conocimiento externo bloquea el conocimiento interno, del mismo modo que los guijarros y las rocas no permiten que fluya el agua. Todo lo que hemos aprendido del exterior es un obstáculo para nuestro despertar. Si volvemos a sacar todo lo que hemos aprendido del exterior, se despertará lo que está en nuestro interior. Es algo que está eternamente presente. Entonces se abrirá paso y encontrará un camino para empezar a fluir.

No hace falta que vayas a ningún sitio para buscar la verdad. Solo tienes que quitar y eliminar todas las ideas falsas que has aprendido. Y entonces encontrarás la verdad en tu interior. No hace falta ir a ningún sitio para buscar la divinidad. Solo hay que eliminar todas las capas que hemos ido amontonando encima de la divinidad que hay en nuestro interior. Y entonces podremos experimentar la divinidad.

Una noche muy fría, un hombre llamó a la puerta de un templito que había en la montaña. Era alrededor de medianoche, y esa noche estaba helando. Oyó que una voz preguntaba desde dentro:

–¿Quién llama a estas horas de la noche? Vuelve por la mañana.

El hombre contestó:

–Soy un gran pecador. Soy un hombre muy malo. He pensado en venir de día muchas veces, pero no me he atrevido porque había mucha gente alrededor, por eso vengo de noche.

El templo pertenecía a un monje. Abrió la puerta. Estaba a punto de acostarse. El fuego de su hogar ya se estaba apagando, y solo quedaban unas cenizas. Le preguntó al hombre:

–¿Por qué dices que eres un pecador? Te lo debe de haber dicho algún sacerdote. Al parecer, la única misión de los sacerdotes en el mundo es decirle a toda la gente que son pecadores. Y, desde mi punto de vista, no hay mayor pecado que el de decirle a alguien que es un pecador, porque estás sentando las bases para que se convierta en un pecador.

–Un hombre despierto dirá que eres la encarnación de la divinidad. El sacerdote, sin embargo, te dice que eres un pecador. Una persona despierta dirá que la divinidad está en tu interior, y un sacerdote dice que el pecado está en tu interior.

El monje siguió diciendo:

–Estoy seguro de que te has encontrado con algún sacerdote. ¿Quién te ha dicho que eres un pecador? Yo lo único que veo es tu divinidad.

El hombre se había quedado mirando al suelo, pero ahora levantó la vista. Era la primera vez en su vida que se encontraba con alguien que le dijera que veía su divinidad.

–Pero yo soy un ladrón –contestó– y le robo cosas a la gente. Mi mente está llena de rabia, incluso he pensado en matar.

El monje dijo:

–Debes estar loco si solo sabes hablar de tus pecados y no ves la divinidad que hay en tu interior. Mírate simplemente, y todos los pecados desaparecerán. Si hay pecados, es porque todavía no has visto tu divinidad. El pecado no existe, solo se trata de ver la divinidad que hay en tu interior. Ven y siéntate.

El hombre le dijo:

–¿Me estás pidiendo que me siente? Pero yo no veo esa divinidad; en mi interior solo veo pecados.

La hoguera estaba ahí, y el fuego a punto de apagarse. Era una noche muy fría. El monje le dijo:

–Mira, esta noche hace mucho frío, a lo mejor queda algún rescoldo en la lumbre. Búscalo con el rastrillo.

El hombre se levantó y dijo:

–Ahí solo quedan cenizas.

El monje empezó a reírse y dijo:

–Fíjate bien. No estás mirando como es debido. –El monje rastrilló las cenizas, sacó un pequeño rescoldo de carbón y lo avivó soplando. Luego le dijo–: ¿Ves? No es más que una pequeña brasa, pero tiene tanto fuego dentro como el fuego del sol. Del mismo modo que una sola gota de agua contiene todo el océano, esta pequeña chispa de fuego contiene todo el sol. Y el error que has cometido buscando en la lumbre es el mismo que estás cometiendo contigo mismo: pensar que solo eres ceniza. Te consideras un pecador absoluto, pero si buscas con un poco más de cuidado, encontrarás una llama dentro de ti que también forma parte del sol.

»La llama de esta hoguera se puede apagar, pero la llama incandescente que hay dentro del ser humano nunca se apaga. No hay suficientes pecados para apagarla, no hay ignorancia que pueda apagarla. No se puede apagar porque es la verdad absoluta del ser humano y su realidad. No hay forma de apagarla.

Yo te digo que la llama de la verdad y la divinidad está presente dentro de todo el mundo. Para experimentarla, tenemos que desprendernos de todo lo que hemos aprendido fuera, del mismo modo que separando las cenizas, aparecen los rescoldos. Cuando descubres la brasa de carbón que hay en tu interior, tu vida se convierte en una llama incandescente, y cuando experimentas la llama interna, tu vida se convierte en puro amor. Cuando se enciende tu llama interior, tu vida se transforma en una vida nueva. Estás en el mismo mundo de antes, pero tú te has transformado. Estás entre la misma gente de antes, pero tú te has convertido en otra persona. Toda tu actitud, tu enfoque, tu compresión y tu punto de vista se han transformado.

Hasta que no nazca un nuevo hombre en nuestro interior, no sabremos lo que es la vida, lo que es la dicha, lo que es la belleza, ni conoceremos la música de la vida. Hasta ese momento, solo estaremos vagando sin vivir. Hasta entonces, estaremos en la inconsciencia, caminaremos medio dormidos, sin darnos cuenta. Hasta entonces, nuestra vida solo será un mal sueño, una pesadilla. Pero después sabremos lo que es la vida, lo que es estar bendecido, lo que es el agradecimiento. La auténtica dimensión de un hombre religioso nos la muestra la aparición de este agradecimiento, la verdadera comprensión de lo que es el agradecimiento.

¿Cómo podemos separar todo lo que hemos ido acumulando en nuestro interior procedente del exterior? ¿Qué nos puede ayudar a olvidar todo lo que nos han enseñado? ¿Cómo podemos sacudirnos todo el polvo que se ha juntado en el espejo de nuestra mente, cómo podemos limpiarlo? Hay una forma. Si se acumula el polvo, también debe haber una forma de quitarlo. Si entendemos por qué se acumula, podremos empezar a quitarlo haciendo un esfuerzo por entender cómo ocurre: ¿cómo se acumula el polvo?

En la vida hay dos razones por las que se acumula el polvo. Una es por no estar atentos. Dejamos entrar todo lo que llegue, como si viviésemos en un hotel, en un hotel barato donde nadie vigila la entrada. Puede entrar y salir quien quiera y no nos importa. Si alguien tira la basura dentro de nuestra casa, nos enfadamos, pero cuando nos llenan la cabeza de basura, les damos las gracias y decimos que está bien. Nos enfadamos cuando alguien tira la basura en nuestra casa, pero no nos enfadamos con los que nos llenan la cabeza de basura.

Nuestras cabezas están abiertas las veinticuatro horas del día y en ellas entra todo tipo de impresiones innecesarias. Tenemos cuidado con lo que comemos y nos aseguramos de no comer nada que esté en mal estado, pero cuando se trata de alimentar el cerebro, no tenemos ningún cuidado y dejamos que entre cualquier cosa. Por la mañana, después de levantarte, lees el periódico, lees libros inútiles, tienes conversaciones triviales y escuchas charlas inútiles. Toda esa basura que acumulamos en nuestra mente también la compartimos y se la damos a los demás. Todas las cabezas del mundo están llenas de un extraño tipo de locura y de basura. Y nos llenamos mutuamente la cabeza de basura. Tenemos que ser conscientes de esto, tenemos que prestar un poco de atención. Tienes que asegurarte de que en tu cabeza no entren cosas innecesarias. Si eres consciente de esto…

Hace poco estaba viajando y delante de mí estaba sentado un hombre. Él tenía muchas ganas de hablar conmigo. Al ver que yo permanecía callado, buscó varias formas de entablar una conversación. Yo asentía de vez en cuando, pero seguía callado. Entonces él se quedo un rato en silencio, y luego volvió a intentarlo de distintas maneras. Estaba inquieto y muy nervioso. Quería decir algo.

Yo no lo conocía de nada, pero él tenía ganas de decir algo. Cuando su inquietud fue aumentando, le dije:

–Empieza a decir lo que estés queriendo decir.

Él se quedó un poco sorprendido porque no venía a cuento de una conversación previa.

–Empieza a decir lo que quieras decir –repetí.

Se quedó muy sorprendido, y dijo:

–¿A qué te refieres?

–Mira –le dije–, no te guardes nada. Estás a punto de explotar y quieres echármelo a mí encima. Hazlo. No te quedarás tranquilo hasta que lo saques. Yo te voy a escuchar; no puedo evitarlo porque no puedo moverme de mi asiento.

–¿Qué quieres decir? –preguntó él, no sin cierta sorpresa.

–Nos pasamos las veinticuatro horas del día echándonos cosas encima los unos a los otros –le dije–. El que le echa las cosas al otro no se da cuenta de que lo hace, y el que lo recibe tampoco se da cuenta de que lo recibe. Esta es la razón por la que tenemos la cabeza tan llena de cosas triviales. Y así se muere la posibilidad de que surja algo importante en ella.

Cuanto más vacía y en silencio esté la mente, mayor será la posibilidad de que le llegue algo importante. De lo contrario, nunca le llegará nada importante ni surgirá en su interior algo que sea importante.

Observa el mundo, nuestro mundo, este siglo XX. Si le pudiéramos poner un nombre a este siglo, sería «el siglo de los pensamientos inútiles». Nunca ha habido tantas ideas inútiles en el mundo.

Hubo una época, sin embargo, en la que había personas extraordinarias.

> Hace mucho tiempo vivió en China un místico que era un gran sabio: Lao Tzu. Él solía ir a pasear todos los días con un amigo. Llevaban haciéndolo desde hacía muchos años. Cuando se encontraban en la calle, prácticamente no hablaban. Su amigo le saludaba, y al cabo de una media hora, Lao Tzu le devolvía el saludo. Cuando salían a pasear, el amigo saludaba primero a Lao Tzu, y después de media hora o algo más, Lao Tzu le devolvía el saludo. En esto consistía toda su conversación.
>
> Un día llegó un invitado a casa del amigo, a quien invitó a dar un paseo con ellos. Después de su paseo vespertino, Lao Tzu se encontró con su amigo, como era habitual, y le dijo:
>
> –Mañana, cuando salgamos a pasear, te ruego que no te traigas a ese hombre porque habla demasiado.
>
> ¿Cuál había sido la conversación del hombre? Después

> de andar durante una hora o una hora y media, lo único que había dicho era: «Hoy hace muy buen día».

Este tipo de personas existieron en una época. No es extraño que experimentaran la verdad. Pero tal y como somos nosotros, tampoco es extraño que no experimentemos la verdad.

Mahavira estuvo en silencio durante doce años. Jesús estuvo en silencio durante muchos días. Mahoma, después de ir la montaña. estuvo en silencio varios días. El silencio ha desaparecido de este mundo. Cuando una persona se olvida de estar en silencio, de quedarse en silencio, se destruye todo lo bueno y grande que hay en la vida. Esto es debido a que todo lo bueno nace del silencio, y toda la belleza y la verdad también surgen del silencio.

Recuerda que debes estar atento a los pensamientos inútiles. No los aceptes de los demás, pero tampoco se los des tú a los demás. Cuanto más atento estés, más podrás darte cuenta del momento en que llegan pensamientos inútiles. Simplemente, diles adiós. No hace falta que los dejes entrar. Diles que se queden fuera. Si estás totalmente atento y eres consciente, y mantienes esta conciencia las veinticuatro horas del día, al cabo de unos días conseguirás que no lleguen pensamientos inútiles. Y cuando se detiene la llegada de pensamientos inútiles, surge un profundo silencio dentro de ti.

Con este método no puedes detener los pensamientos de tu vida pasada o los que has acumulado en otras vidas. Estos seguirán circulando en tu interior. En ese caso tendrás que hacer algo diferente. Pero para que se detengan los nuevos pensamientos que vienen de fuera y evitar que se acumulen en tu interior los pensamientos inútiles, tienes que estar alerta, tienes que estar atento. Y tienes que romper la identificación con los pensamientos que se han acumulado en tu interior.

Nos identificamos con los pensamientos que tenemos dentro, establecemos una especie de hermandad con ellos. Si surge el enfado, decimos: «Estoy enfadado». Esto es un error. No es verdad. Deberías decir: «Ha venido a mí el enfado». Si surge dentro de ti un pensamiento, no deberías decir: «Lo estoy pensando». Deberías decir: «Estos pensamientos están circulando delante de mí». Solo tienes que separar el «yo» de todos los pensamientos y sentimientos que haya en tu interior. Está separado, solo es un testigo.

La avalancha de pensamientos que se mueven en tu interior llenan tu inconsciente y se acumulan allí. Llenan todo tu inconsciente. Date cuenta de esto y deja de identificarte con ellos, no te conectes con ellos y comprende que estás separado de ellos, y ellos están separados de ti. Obsérvalos, conviértete en un observador y en un testigo. Cuando lleguen, quédate tranquilamente al margen y obsérvalos como si observases a una multitud que se acerca a los lejos por la carretera, como si estuvieses observando a los pájaros volar en el cielo, como si estuvieses observando a las estrellas salir por la noche, o simplemente como si estuvieses viendo una película en una pantalla. Obsérvalos de esa manera y quédate al margen. Cuando te conviertas en un simple testigo y todos tus pensamientos se separen de ti, te sorprenderá ver cómo la conexión con los pensamientos se debilita, y podrás ver los pensamientos con más nitidez y claridad, hasta que un día mueran y desaparezcan.

Los pensamientos externos dejarán de entrar, y los internos irán muriendo poco a poco. Llegará un momento en que te quedarás completamente vacío. Y en cuanto alcances este vacío, experimentarás la totalidad. En ese momento estarás en presencia de la verdad y experimentarás la divinidad. Entonces ya no te harán falta las sagradas escrituras. Tendrás frente a ti todo lo que hay escrito en las escrituras. Podrás ver todo lo que hay escrito en las escrituras directamente. Experimentarás lo mismo que experimentaron Mahavira y Buda. Es algo que está ahí al alcance de todo el mundo y todo el mundo tiene derecho a experimentarlo. Lo hemos perdido por nuestra culpa.

Si estamos un poco más atentos y un poco más despiertos, si hacemos un esfuerzo y seguimos buscando, acabaremos por experimentar la verdad y tendremos experiencias que muy pocas personas han podido tener. Si una semilla lo ha conseguido, todas las semillas pueden convertirse en lo mismo. Si es posible para una persona, es posible para todos los seres humanos.

Lo que nos lo impide son los pensamientos. El falso pensamiento es un obstáculo. Todo lo que hemos aprendido y estudiado es un obstáculo. Tendrás que apartarte de todo eso y volver a ser inocente. Entonces habrá silencio, vacío y paz. Si puedes hacerlo, nacerá dentro de ti una enorme belleza. Tendrá lugar una nueva experiencia. Experimentarás una nueva energía y un nuevo espacio en tu interior que se convertirá en tu nueva vida. Se convertirá en lo que tú eres. Es el tesoro que puede ir más allá de la muerte y que nadie puede destruir. Y recuerda que solo la vida puede ir más allá de la muerte, porque lo único que no puede morir es la vida.

Ahora mismo, no tienes vida porque no has experimentado la verdad. No has experimentado la verdad porque no estás vacío ni en silencio. No estás vacío ni en silencio porque no evitas que entren los pensamientos de fuera ni rompes tu identificación con los pensamientos que hay dentro de ti.

Hay que entender las causas. Si entendemos correctamente la cadena completa de causas y comprendemos lo que está atando nuestras mentes, lo que nos ata al suelo y no nos permite elevarnos –las cadenas que nos tienen esposados y atados a lo mundano y que no nos permiten llegar a la verdad–, sin duda, veremos las causas. Cuando alguien ve las causas y decide enfrentarse a esas cuestiones, puede alcanzar la meta, puede alcanzar el verdadero objetivo de la vida.

Tu verdad te llevará a donde no pueden llevarte las sagradas escrituras. Y cuando descubras tu verdad, las escrituras se harán verdad. Cuando consigas tener tu propia experiencia de la verdad, esa experiencia incluirá todos los maestros jainistas ascendidos, todos los profetas y todas las encarnaciones e hijos de Dios. Y entonces te darás cuenta de que era verdad lo que estaban diciendo.

Ya no podrás decir que lo que dijo Jesús era verdad y lo que dijo Mahavira era falso. Ya no podrás decir que lo que dijo Mahoma era verdad y lo que dijo Rama era falso. Si lo ves así, es porque ese algo surge de las escrituras y todavía no has encontrado la verdad. Cuando encuentres la verdad, te darás cuenta de que lo que dijo Mahavira, lo que dijo Mahoma, lo que dijo Buda, lo que dijo Jesús, lo que dijo Confucio y lo que dijo Ramakrishna, todo es verdad, porque la verdad siempre es la misma.

Cuando experimentas la verdad, todas las escrituras se vuelven verdad. Pero hasta que no la experimentes, seguirás pensando que una escritura es verdad y la otra falsa. Si sigues pensando que solo eres hindú, es porque todavía no eres religioso. Si sigues pensando que solo eres jainista, es porque todavía no eres religioso, porque la religión solo es una. Cuando hayas experimentado la verdad, lo único que habrá es religiosidad. No será ninguna religión concreta ni estará basada en una escritura sagrada concreta.

Ojalá que lo divino encienda la verdad que pertenece a todo el mundo en tu interior. Ojalá que esa verdad se despierte. Ya está presente en tu interior, pero te has alejado de ella. Ojalá que lo divino te haga sentir esa necesidad, ese descontento. Este es mi deseo.

Estoy muy agradecido y contento por que me hayáis escuchado con tanto amor y silencio. Y, finalmente, os doy las gracias a todos y rindo respeto a la divinidad que hay en vuestro interior. Os ruego que aceptéis mi respeto.

5. Las alas del amor

Amados míos.

La búsqueda de la verdad o la divinidad no es una búsqueda intelectual ni algo que podamos planear. Solo aquellos que sean capaces de desarrollar una cierta capacidad, habilidad o receptividad podrán realizar la verdad. Lo que sabemos solo alcanza la capacidad de saber que hayamos desarrollado en nuestro interior. Pero la verdad no es solo lo que sabemos de ella, la verdad es mucho más grande que lo que podamos saber.

¿Por qué? Porque aunque sepamos muchas cosas, siempre podemos saber mucho más. Todo lo que sabemos no es la verdad, porque la verdad siempre es mucho más grande que nuestro conocimiento. Esto se debe a que nuestra capacidad de saber no es absoluta. Si alguien cree que su conocimiento abarca toda la verdad, entonces se quedará estancado y dejará de crecer.

Lo que sabemos está limitado por nuestros sentidos. Cuando una persona es ciega, para ella no existe la luz. En una sociedad de ciegos donde nadie ve, el concepto de ver no existe. Y no solo de ver la luz, tampoco tendrán el concepto de la oscuridad. Para conocer la oscuridad, es necesario tener vista y tener la experiencia de la oscuridad. Si no podemos oír, para nosotros no existe el concepto del sonido.

La única realidad que se revela es aquella para la que somos receptivos. El límite de nuestro mundo es el límite de nuestra receptividad, pero eso no quiere decir que el mundo se acabe ahí. Nuestro mundo y el verdadero mundo no tienen los mismos límites. Nuestro mundo tiene su propio límite, y por eso ocurre que hay muchos mundos dentro de un solo mundo. Si te fijas, hay tantos mundos como personas. Dentro de un mundo hay innumerables mundos, porque hay innumerables personas que lo conocen, lo ven y lo experimentan. En el mundo hay tantas divisiones imaginarias como identidades.

De modo que el conocimiento del hombre se limita a sus sentidos, pero asumir que ese es el límite del mundo sería ignorancia absoluta. Si tuviéramos más sentidos, nuestro límite del mundo sería más amplio, y justamente es lo que está ocurriendo ahora gracias a los aparatos científicos. Digo esto porque quiero que entiendas que nuestro conocimiento solo llega hasta donde llegue nuestra capacidad. Nuestro conocimiento depende de nuestra capacidad. Y todo lo que aplicamos al mundo manifiesto, lo podemos aplicar también al mundo no manifiesto.

Cuando la gente me pregunta si existe Dios o si existe el alma, yo les pregunto si pueden experimentarlo. Siempre se trata de la capacidad de experimentación, no de su existencia. Si tienes esa capacidad, podrás experimentar verdades que ahora mismo no puedes experimentar, pero si no tienes esa capacidad, esas verdades no te parecerán reales. Y si las aceptas por miedo, no serán verdades. La única verdad es lo que es verdad para ti, la verdad que se convierte en tu propia experiencia.

> Hace unos dos mil quinientos años, alguien se postró a los pies de Buda y dijo:
>
> –He venido a conocer la verdad. ¿Cuál es tu visión? ¿Cuál es tu concepto?
>
> Buda dijo:
>
> –Sea cual sea mi concepto, a ti no te servirá porque no tienes el conocimiento necesario para ver la verdad. Todo lo que diga no te parecerá verdad. ¿Cómo puedes saber la verdad de algo que no has experimentado?
>
> Buda también le dijo:
>
> –Estaba visitando un pueblo y me trajeron a un hombre ciego. Querían que le convenciera de que existe la luz. Yo les dije que eso era una locura. ¿Cómo puedo convencer de eso a alguien que no ve? No me lo traigáis a mí. Llevádselo a un médico para que le cure.

Es inútil pretender explicar lo que es la luz. Antes tendrás que curarte los ojos. Si te funciona la vista, la luz existe para ti.

Esto es lo que quiero decirte. No te preocupes por la verdad. Procura que tu vista te permita ver más allá de la materia. Lo único que vemos es la materia, y todo lo que no es materia está fuera del alcance de nuestros sentidos. No nos llega su sensación, no nos llegan sus vibraciones.

Incluso cuando te encuentras con un amigo, solo te encuentras con su cuerpo, no te encuentras con su ser. Cuando ves los árboles que están fuera, también en ese caso solo estás viendo el cuerpo del árbol, pero no ves el alma del árbol. ¿Por qué? Porque si alguien no ha conocido su propio ser ni ha experimentado la energía de su propia conciencia, ¿cómo puede experimentar la conciencia que impregna el mundo?

No es una cuestión de divinidad, de verdad o de luz, siempre es una cuestión de la capacidad de ver. Por eso, en mi opinión, la religión no es un concepto, sino una terapia. La religión no es una ideología, es una terapia. Si podemos activar los sentidos que están aletargados, se abrirán nuevos horizontes de experiencia ante nosotros, y entonces podremos llegar a saber algo. Pero mientras sigamos sin saber que poseemos estos sentidos, la vida no tendrá sentido ni significado y tampoco habrá éxtasis. Cuanto más honda sea tu sensibilidad, más honda será tu receptividad. Lo denso empezará a desaparecer y podrás ver lo sutil. Llegará un momento en que este mundo te dejará de parecer material y empezará a parecerte divino.

Pero tienes que prepararte para que esto pueda ocurrir. Del mismo modo que un campesino labra la tierra antes de sembrar, cuando alguien empieza a abrirse hacia lo divino tiene que labrar su tierra. Tiene que haber una música en su interior, y solo así podrá experimentar la música que envuelve todo lo que hay en el exterior.

Por ejemplo, podemos ver el sol porque tenemos ojos. El sol influye en nosotros porque poseemos un sentido y la capacidad de recibir el sol. Cuando hablo, mi voz te llega y resuena en tu interior porque tienes un sentido receptivo que transporta el sonido hasta ti. La divinidad nos rodea en todo momento. Nuestra propia respiración forma parte de ella, sin embargo, no somos capaces de ver la divinidad porque le hemos cerrado la puerta y no puede entrar.

Me gustaría hablarte de las tres claves que sirven para generar el poder de la sensibilidad a través de la cual se disuelve lo denso y empieza a materializarse lo sutil, a través de la cual desaparece la materia y se hace visible la divinidad. Estas tres claves te llevarán de lo visible a lo invisible, de lo denso a lo sutil, y de la materia a la divinidad.

La primera clave es: ámate. Debemos amarnos. Este amor debería ser infinito e incondicional, porque si alguien no se ama, no puede amar a nadie. Y es imposible trascender la materia si falta el amor. El poder del amor es el único poder no material del ser humano. Sirviéndose de este hilo inmaterial, el ser humano puede subir por la escalera de la divinidad.

Evidentemente, te costará un poco entender en qué consiste este amor hacia uno mismo, porque todas las enseñanzas de las supuestas religiones siempre se han opuesto a él y nos han enseñado a hacernos daño directa o indirectamente. Los cimientos de nuestra vida se sustentan en el odio y el castigo. Aprendemos a castigarnos basándonos en estos fundamentos, y lo seguimos haciendo durante toda la vida. Nuestra supuesta moral y religiosidad no es más que autorrepresión. ¿Cómo puedes reprimirte sin odiarte ni sentir hostilidad hacia ti mismo? Hasta ahora, la religiosidad del ser humano siempre ha consistido en dividirlo para que haya un conflicto y una dualidad en su interior. No es de extrañar que una vida basada en esta confusión sea horrible.

Si estás en conflicto contigo mismo, no puede surgir la belleza de la vida, porque cuando luchas contigo mismo, pierdes energía. Y es imposible que haya algún tipo de victoria en tu vida. No podrás triunfar por la simple razón de que estás haciendo que una de tus manos luche contra la otra, y el que está detrás de esas manos eres tú. Si hubiera una victoria, ¿quién ganaría a quién? No habrá derrota ni victoria, solo es una lucha interna. En esa lucha, lo único que consigues es perder energía y luego mueres. Eso es todo.

Puesto que todas las energías del ser humano se emplean para la autodestrucción, su vida es horrible, está mutilada, malgastada. Solo cuando una persona esté abierta a la verdad, la bondad y la belleza, podrá emplear su vida para crear. Las enseñanzas de autoreprresión, sin embargo, nunca podrán crear poesía dentro de una persona, al contrario, crearán desarmonía. Esta desarmonía se convierte en dolor, angustia y miedo. Una persona llena de conflictos internos empieza a luchar consigo misma y se divide en dos partes: una de ellas es su enemigo y la otra es ella misma, porque trata a ciertas energías como enemigas y a otras como amigas, generando un infierno en su interior. Y este es el tipo de vida que denominamos vida religiosa.

Para mí, la vida religiosa es algo distinto. No es una vida en la que hay un conflicto interno, sino una vida en la que hay silencio interno y armonía. No es una vida en la que hay autodivisión, sino una vida en la que hay unidad espiritual y unificación. Si alguien busca esta armonía espiritual, tendrá que sentar las bases desde el principio.

No puedes alcanzar la no dualidad empezando por la dualidad, porque el final está presente desde el comienzo. Así que recuerda que el primer paso siempre es mucho más importante que el último. La divinidad es la suprema armonía. Antes de poder conectar con esa música, es esencial que yo mismo me convierta en armonía. Y esa armonía se puede crear si te amas a ti mismo, y no si te juzgas, te odias y luchas contra ti.

El primer requisito básico de la vida espiritual es amarte a ti mismo. Seguramente te extrañará, porque nos han enseñado a reprimir lo que hay en nuestro interior, y a destruir todo lo que hay en nuestro interior. Pero déjame decirte que en tu interior no hay nada que tengas que reprimir ni destruir. Obviamente, hay energías que tienes que transformar, pero no tienes que destruirlas. Tienes que amarlas, despertarlas, pero no reprimirlas. Tienes que canalizarlas y dirigirlas.

Los que están contra estas energías, evidentemente, no podrán transformarlas. Recuerda que una persona con comprensión puede convertir en néctar su veneno interno. Pero cuando alguien no comprende, convierte el néctar en veneno. Por eso, para mí la comprensión es néctar y la falta de comprensión es veneno.

Sabemos que hay sustancias apestosas y podridas que se pueden convertir en abono. Ahora mismo alguien me acaba de regalar un ramo de flores. Tienen un aroma exquisito. Y cuando su aroma me llegó al alma, me di cuenta de dónde salía ese aroma. El olor pestilente del abono entra por las raíces y se transforma en aroma. Si amontonas abono delante de tu casa, vivirás rodeado de un olor apestoso. Pero si usas ese abono para cultivar un jardín alrededor de tu casa, vivirás rodeado de fragancia. El olor apestoso es una forma de fragancia subdesarrollada. No está en contra de la fragancia, solo es una forma subdesarrollada de la fragancia. La discordancia es un tipo de música poco desarrollado y desorganizado.

En la vida del hombre no hay nada que haya que destruir ni aplastar, pero sí hay muchas cosas que tenemos que transformar, elevar y desarrollar. El hombre posee energías y esas energías son neutras, recuérdalo. No son ni desfavorables ni propicias, no son ni buenas ni malas. Las energías son neutras. Se vuelven buenas o malas dependiendo del uso que tú les des. La energía que se llama sexo o sexualidad, a la que se oponen las personas supuestamente religiosas, es completamente neutra, porque esa misma energía, cuando se transforma, es divina. Es la energía primigenia de la creación y el resultado depende de cómo se use. Esto no depende de la energía en sí, pero cómo la usemos depende de nuestro entendimiento y nuestro arte de vivir.

La misma energía, cuando se transforma, se convierte en celibato. El celibato no es lo opuesto a la energía sexual, sino su transformación. Lo que llamas ira, la fuerza que se expresa a través de la rabia, puede convertirse en paz. Es una cuestión de transformación. La vida no consiste en destruir, sino en crear, en crear algo más elevado. Si esta verdad queda meridianamente clara, entonces no se tratará de que haya conflicto ni hostilidad con uno mismo, se tratará de amarse a uno mismo. Esto es así porque la creación está de tu lado, está dentro de ti, está contigo, y me gustaría decirte que no deberías pensar que tu cuerpo está separado de ti. Ámalo, porque amándolo se despiertan y se activan sus poderes aletargados.

Una persona que comete excesos no ama su cuerpo, y los que practican la abstinencia tampoco. El odio al cuerpo de alguien que comete excesos se manifiesta cometiendo excesos. Por culpa de este odio puede debilitar su cuerpo. Y los abstinentes, que son la reacción a los que cometen excesos, tienen el mismo nivel de odio hacia su cuerpo, pero en otra dirección: torturan su cuerpo en nombre de la austeridad. Unos lo torturan en nombre de los excesos, y otros lo torturan en nombre de la renuncia. Pero ninguno de los dos siente amor ni agradecimiento por su cuerpo. El criterio fundamental que define a una persona sana es la atención hacia su cuerpo y un acercamiento amoroso. Abusar del cuerpo es una señal de una mente enferma y desequilibrada.

Hay dos tipos de patologías: la enfermedad de cometer excesos y la enfermedad de la abstinencia. Por eso una mente que comete excesos puede pasar enseguida a la abstinencia, pero no es capaz de quedarse en el medio. Es más fácil saltar de una patología a otra, ¡y es mucho más fácil saltar de una patología a otra mayor! Este tipo de seres patológicos nos han enseñado muchas cosas. Nos han enseñado que el cuerpo es nuestro enemigo y que debemos luchar contra él. La consecuencia de estas peligrosas enseñanzas es que la religión se ha orientado demasiado hacia el cuerpo.

La hostilidad hacia el cuerpo también te hace enfocarte en el cuerpo. Por eso, para ir más allá del cuerpo, tendrás que trascender el cuerpo. No luches contra él, no te enfrentes a él; ámalo, hazte su amigo. Tu cuerpo no es un enemigo, sino un vehículo, y, de hecho, es extraordinario. Úsalo. Deberías extender tu amor a todo lo que quieras usar.

En primer lugar, debemos extender nuestro amor a nuestros cuerpos. El cuerpo es una creación única de la existencia. Es una escalera misteriosa. Para alcanzar la divinidad, tienes que pisar esta escalera, tienes que usarla. Si alguien no la quiere pisar y lucha contra ella, es evidente que esa persona está desequilibrada. Hay dementes en todas partes, debes tener mucho cuidado. El daño que han hecho a la humanidad es incalculable. No tienes idea de la cantidad de misterios que oculta este cuerpo que has recibido regalado.

Cuando alguien conoce los misterios del cuerpo, tiene la clave de la divinidad. El cuerpo es muy pequeño para la inmensidad que oculta. Tu mente se oculta dentro de él. Tu alma se oculta dentro de él. Y dentro del alma se oculta la divinidad.

> Un santo estaba a punto de morir y se estaba despidiendo de todos los que le rodeaban dándoles las gracias a todos, y, antes de morir, se puso de pie juntando las manos y dijo:
>
> –Mi amado cuerpo, eres tú el que me ha ayudado a

> alcanzar la divinidad. Te ruego que aceptes mi agradecimiento. Nunca he podido hacer nada por ti, al contrario, te he torturado y te he hecho daño. Siempre has estado a mi disposición, pero yo nunca te he dado nada a cambio. Estoy lleno de agradecimiento y en este momento que tengo que partir te quiero pedir perdón. Te ruego que me perdones por todos los errores que he cometido contigo. Estoy absolutamente en deuda contigo. Si no fuera por ti, nunca habría podido alcanzar el estado de divinidad.

Esta es la actitud que hay que tener hacia el cuerpo, es necesario tener este sentimiento de agradecimiento y de amor. El santo le dijo a su cuerpo: «¡Oh, mi amado cuerpo!». Estas palabras me llenan el corazón de un éxtasis increíble. ¿Podrá este mismo entendimiento iluminar tu cuerpo? ¿Puedo preguntarte si has mirado tu cuerpo con tanto amor? ¿Puedo preguntarte si alguna vez le has dado las gracias por estar a tu disposición? Y si no lo has hecho, ¿a qué se debe tanta ingratitud? ¿Por qué te comportas de una forma tan desagradable? ¿Por qué eres tan descortés?

Hay que ser comprensivo con el cuerpo, hay que tener una gran sensibilidad hacia el cuerpo, y darnos cuenta de que debemos cuidarlo y dirigirnos a él con amabilidad. Es tu compañero de penas y alegrías en este largo viaje. Es un medio, una escalera.

Por tanto, según mi forma de ver, un hombre de conocimiento no será cruel con su cuerpo ni lo torturará. En este mundo, por otro lado, siempre ha habido muchos perturbados y los sigue habiendo: son personas que han torturado sus cuerpos tratándolos con violencia y represión. Se me saltan las lágrimas viendo hasta qué punto han maltratado su cuerpo, y rezo para que la humanidad se libere de esta clase de espiritualidad. El comportamiento de estas personas enfermas lo único que demuestra es que no tienen inteligencia. Y, a pesar de todo esto, la influencia corrupta de este tipo de personas sigue perdurando y nos persigue. Te ruego que te liberes de estas enseñanzas insanas. No deberíamos alabar a este tipo de personas, habría que medicarlas. Espero que algún día consigamos liberarnos de ellas.

Cometer excesos con el cuerpo provoca debilidad, fracaso y descontento, y el odio al cuerpo es la reacción hacia estas cosas. Así que lo que estamos haciendo es culpar al cuerpo de nuestras faltas, aunque sea totalmente inocente.

Te ruego que te des cuenta de que las austeridades están basadas en el odio al cuerpo, porque lo que te hace sentirte enormemente atraído hacia esas austeridades es el hecho de haber cometido excesos con tu cuerpo. Si alguien siente codicia cuando ve la riqueza o aprecia la belleza de una persona, y decide cegar sus ojos, yo diría que esa persona está loca, porque los ojos no te están pidiendo que sientas codicia ni lujuria. Los ojos no dicen nada por su cuenta. Están de acuerdo con lo que tú quieras hacer con ellos. El cuerpo es tu subordinado, está enteramente a tu servicio. Siempre está dispuesto a seguirte a donde quieras ir. Si le pides que vaya al infierno, estará deseando hacerlo; si le pides que vaya al cielo, estará deseando hacerlo.

No se trata de tu cuerpo, sino de tu fuerza de voluntad. Ten en cuenta que el cuerpo siempre obedece a tu voluntad. Si empiezas a torturar y a castigar tu cuerpo en vez de cambiar tu voluntad, estarás cometiendo un error. Torturar el cuerpo es una forma de violencia, es violencia hacia uno mismo. Yo no estoy a favor de esto. De lo que estoy a favor es del amor hacia uno mismo. Y me parece que no hay nada mas estúpido que la violencia hacia uno mismo.

Cuando digo amor hacia uno mismo, no estoy hablando de una personalidad egocéntrica. Una persona egocéntrica nunca se ama a sí misma. Si se amase, se habría liberado de su ego, porque el infierno más angustioso que existe es el ego. Una persona egocéntrica adopta la religión y se vuelve violenta consigo misma. No hay ninguna actividad más gratificante y estimulante para el ego. Esta es la razón por la que todos los supuestos renunciantes, santos y seudomísticos, son tan arrogantes. Son egoístas porque son santos, y son santos debido a su ego.

En la existencia no hay nada que no te sea favorable, no hay nada que vaya contra ti. Pero si no aprovechas la existencia o la usas mal, es otra cuestión. Cuando hay una piedra en el camino, una persona inteligente usará esa piedra como un peldaño, pero una persona ignorante verá un obstáculo o una barrera en esta escalera improvisada. En la vida, todo depende de cómo veas las cosas. Cuando la perspectiva está mal, las cosas de ven de otra manera. No es extraño que si alguien empieza a considerar a su cuerpo como su enemigo, el cuerpo se acabe convirtiendo en su enemigo.

Empieza a considerar a tu cuerpo como tu amigo, convéncete de que es tu amigo. Es tu amigo. En cuanto te olvides del odio y de la lucha, te quitarás un peso de encima, porque desaparecerá la tensión y experimentarás paz y relajación. Intenta hacerlo y siente lo que ocurre. Recuerda que el cuerpo solo es un medio, no lleva a nadie a ningún sitio. Te ruego que te olvides de todo ese odio hacia tu cuerpo. Si lo miras sin prejuicios, tu corazón se llenará de amor por todos los servicios que te presta sin protestar.

Y no tienes que limitarte solo a lo físico, hay otras profundidades que tendrás que descubrir. El cuerpo solo es el punto de partida del viaje del amor hacia uno mismo. Si profundizas más en el cuerpo, te encuentras con la mente. También tienes que amar tu mente, también tienes que hacerte su amigo. Habitualmente, solo conocemos estos dos niveles de nuestra personalidad. Para ir más allá y profundizar en ellos, tenemos que usarlos.

Igual que ocurre con el cuerpo, la propaganda contra la mente es todavía más grande. Las supuestas religiones han enfocado hacia la mente toda su hostilidad. Lo primero que debemos hacer es liberarnos de este odio que tiene como objeto la mente.

La mente es una energía como el resto de las energías de la existencia. No es solamente una energía como todas las demás, sino que además es una energía muy desarrollada y sutil. Querer condenarla, oponerse a ella e insultarla no es solo insensato, sino que es totalmente destructivo.

Antes que nada, tenemos que darnos cuenta de que el ser humano no está familiarizado con los misterios de la mente y no sabe utilizar la energía mental. La situación de la mente es lo mismo que ocurría antes con la electricidad. En una época, la electricidad solo servía para destruir, hoy, en cambio, se canaliza y se emplea para el trabajo productivo. El día que el hombre realmente conozca su energía mental será un momento feliz y creativo para la historia de la humanidad.

La mente es un tesoro oculto que tiene innumerables poderes. Los que luchan contra la mente están luchando contra esos poderes y se están destruyendo a sí mismos. El motivo por el que se oponen y se enfrentan a la mente los que están en contra de ella es por la inquietud de la mente. La inquietud, por otro lado, es una señal de vida. De todas formas, hay mucha gente que teme a la vida misma y está deseando morir. Este tipo de personas creen que el letargo es bueno porque en ese estado encuentran la paz.

Tengo que decirte que la paz que surge del letargo es falsa. El letargo de la mente es suicida. El silencio que ves en ella es el silencio de un cementerio. El alboroto de la vida es mucho mejor que el silencio del cementerio. Lo que sí tiene valor es la paz que surge después de conocer la mente, no después de matarla. Solo es útil esa paz, y ese tipo de paz puede ser el vehículo que te lleve a esferas más altas. Una paz muerta se mueve hacia la materia, no hacia la divinidad.

Tiene que haber una paz viva y un silencio vivo, porque solo lo que está vivo puede convertirse en una puerta para la vida suprema. Por eso no te pido que estés en silencio matando la mente y destruyendo su inquietud. Nunca te conformes con esa estupidez y ese letargo. Ya hay suficiente letargo, no hace falta aumentarlo. Quiero una mente viva y, al mismo tiempo, en paz. Solo estará viva la paz que se obtenga sin perder la inquietud y la cualidad de fluir. No necesitamos la paz de un estanque. Necesitamos la paz de los ríos que fluyen constantemente hacia el mar. Si ocurre esto, podrás alcanzar la divinidad.

Por eso te digo que no debes preocuparte por la inquietud de la mente, no debes criticarla ni convertirte en su enemigo. Al contrario, siente agradecimiento. Si no fuera por eso, hace mucho tiempo que te habrías convertido en un estanque. Si la mente no fuera inquieta, te habrías quedado sentado encima de un montón de basura reconcentrada. Si la mente no fuera inquieta, los codiciosos se quedarían apegados a la codicia para siempre, las personas sensuales se quedarían apegadas a la sensualidad, y las personas sexuales se quedarían apegadas a la sexualidad. Y entonces no habría manera de ascender hacia las alturas de la divinidad. En algún punto del camino te encontrarías algo que sustituiría a la verdadera divinidad. Pero la inquietud de la mente se lleva por delante a todos los falsos dioses, y la mente sigue buscando. Como la mente es inquieta, sigue avanzando y no te permite pararte.

Detrás de la inquietud de la mente hay una llave secreta que quiero compartir con vosotros, y es esta: el motivo por el que la mente es inquieta es que no puede descansar hasta que llegues a tu destino final. La inquietud de la mente solo se detiene ante la divinidad, no antes. Esto es una suerte, de lo contrario, te olvidarías de buscar tu destino final.

De modo que no maldigas la inquietud de la mente ni la critiques. Considéralo una suerte y úsalo para tu evolución. Recuerda que, si la mente no está quieta, debe ser porque hay algo que no está bien, y por eso la mente no quiere detenerse ahí. Tú quieres sentarte y la mente no quiere porque seguramente no es el sitio correcto. La mente te quiere despertar y se pone inquieta, pero tú te niegas a despertarte y además la miras como si fuera tu enemiga.

> Me contaron que un rey de Egipto fue a ver a un místico que vivía en un pequeño pueblo. El rey sentía mucho respeto por ese místico, y fue a ese pueblo para invitarlo a su palacio. El místico no había sido advertido de su visita, y cuando el rey llegó a su cabaña, se encontró a uno de sus discípulos sentado fuera. Este le pidió al rey que se sentara y esperara fuera mientras iba a avisar a su maestro, pero el rey no quiso sentarse y se puso a dar vueltas. Entonces el discípulo le pidió que se sentara dentro de la cabaña, pero el rey no quiso entrar y siguió dando vueltas delante de la cabaña. Al ver su actitud, el joven no entendía qué le pasaba.
>
> Fue a avisar a su maestro y le comentó el extraño comportamiento del rey. El anciano místico le dijo:
>
> –No tenemos una silla apropiada para un rey, por eso está dando vueltas.

Me gustaría decirte que la mente está inquieta por el mismo motivo. Hasta ahora no ha encontrado el trono perfecto para sentarse, y por eso sigue dando vueltas. Encuentra un trono adecuado para ella. Sin embargo, en vez de hacerlo, te empeñas en enfrentarte a su inquietud.

¿Alguna vez has pensado en todos los sitios que has buscado para que se siente? ¿Acaso quieres que se siente en alguno de esos sitios? Amigo mío, la inquietud de la mente es una suerte para ti. No se sienta en el primer sitio que tú le digas. La mente no se va a sentar en ningún sitio hasta que no encuentre la divinidad. Esta es una inmensa suerte.

La inquietud de la mente es muy útil. Recuerda que si la mente no se quiere sentar en algún sitio es porque ese sitio no es el adecuado para ella. Puedes obligarla a sentarse, pero se volverá a levantar y empezará a dar vueltas enloquecida. Y seguirá dando vueltas hasta que encuentre el descanso definitivo. Ese punto del descanso definitivo es la divinidad.

La gente dice que la mente tiene que concentrarse para encontrar la divinidad. Yo digo que si encuentras la divinidad, la mente se enfocará en un solo punto. Ellos dicen que si aquietas la mente, encontrarás la divinidad. Yo digo que cuando encuentres la divinidad, la mente se aquietará. La mente siempre va donde haya felicidad. La mente no va hacia el sufrimiento. La mente va buscando la felicidad. En cuanto desaparece el atisbo de felicidad, la mente empieza a correr otra vez. Por eso la mente no se detiene en ningún sitio.

Puedes ahorrar diez mil rupias. Al principio, es posible que la mente se sienta feliz. ¡Has ahorrado diez mil rupias! Pero luego la mente empieza a correr otra vez. Casi había conseguido pararse por diez mil rupias, pero se ha desilusionado. Si juntas un millón de rupias, la mente también se volverá a desilusionar. Intenta juntar un millón de rupias y verás que le pasa lo mismo. La mente seguirá corriendo. La mente siempre va donde cree que hay un atisbo de felicidad, pero cuando se desilusiona, huye.

Cuando encuentre la verdadera felicidad que está más allá de las ilusiones, la mente dejará de dar vueltas. En cuanto se desilusiona, la mente se inquieta. Mientras dura el hechizo de la ilusión, la mente se queda quieta un rato, pero cuando la felicidad sea verdadera, la mente se quedará quieta y ya no volverá a salir corriendo.

De modo que no te voy a pedir que obligues a tu mente a detenerse. La quietud forzada provoca letargo y no te lleva al destino final. La mente solo se queda quieta en el destino final. Esto ha generado un malentendido, y es que, si la mente se queda quieta, es porque el destino final debe estar cerca. Es como poner el carro delante del caballo. Es como pensar que alguien está dormido porque tiene los ojos cerrados, porque cuando te duermes, los ojos se cierran.

Me gustaría que ayudaras a la mente a acercarse lenta y amorosamente al aroma de la felicidad, en la dirección donde habitan la verdadera felicidad y la dicha. Lleva a la mente paulatinamente hacia allí. Levanta tus ojos para ver la dicha, y la mente los seguirá de forma automática. No intentes forzar ni coaccionar a la mente, porque solo conseguirás lo contrario. La mente empezará a resistirse y reaccionará. Tus restricciones son una invitación para ella, y tu negación se convierte en un atractivo. Tiene curiosidad por ir a donde tú quieres impedirle que vaya, como es lógico. Y tú, por otra parte, te enfadarás innecesariamente porque no conoces esta básica ley.

Lo primero que debes saber es que la mente no es tu enemiga. Guíala con cariño y no reprimas sus instintos. Despierta tu conciencia sobre ella. A la luz de la conciencia, solo queda lo que es bueno. Debes saber que siempre conquistamos lo que amamos.

No te olvides de esta máxima de oro: no podemos conquistar lo que odiamos. De esa forma nunca ganaremos. Nadie puede ganar. Es imposible conquistar lo que odiamos y consideramos nuestro enemigo. Solo podemos conquistar lo que amamos. Los que quieran conquistar su mente tendrán que amarla. Aparte del amor, no hay ninguna otra forma de ganar.

De modo que la primera clave es amarte a ti mismo, no odiarte. Transformarte, no reprimirte. No crear un conflicto interior. Convertirte en un todo orgánico, y solo el amor puede conseguirlo. Si empiezo a quererme tal como soy y sea quien sea, entonces estaré lleno de amor y desaparecerán el odio y la crítica de mi mente. Empiezo a amar a todo mi ser, y así es como nace dentro de mí un ser que no está dividido. El ser solo puede nacer de este modo.

Porque el amor une, integra todas las partes. Cuando alguien está integrado, tiene una energía y un poder increíbles en su interior. Cuando estás dividido, la energía se disipa, y cuando eres uno y no estás dividido, se vuelve enorme. Y la parte más asombrosa es que esa energía o fuerza transforma todas esas cosas insignificantes por las que solías luchar y no podías conquistar. Un ser íntegro es la base principal para transformarte. Si quieres cambiarte, renovarte, tendrás que convertirte en uno. Una persona fragmentada malgasta toda su energía luchando con los fragmentos, intentando organizarlos, intentando que haya un equilibrio. No dispone de energía para su autotransformación. Solo disponen de esa energía quienes se aman tanto que se vuelven uno en el amor.

¿Cuál es la otra clave en la lucha del amor? La primera clave es amarte a ti mismo, y la segunda clave es amar a los demás. Debes tener benevolencia, amor, no violencia y compasión, hacia toda la vida que te rodea. De lo contrario, nunca conseguirás acercarte a un tipo de amor que te lleve hacia la divinidad.

Jesús dijo: «Cuando estás en la iglesia, te arrodillas y elevas tus manos a lo divino. Pero si tu vecino está enfadado contigo, ve antes a verlo y muéstrale tu amor. Coloca lo divino ahí. Vete a verlo, se cariñoso, pídele perdón y haz las paces con él». Si alguien no puede hacer las paces con los seres humanos, ¿cómo va a hacer las paces con lo divino y consigo mismo? Evidentemente, si una persona no es capaz de compartir su amor en un plano humano, tampoco podrá compartir su oración en un plano espiritual.

> Un monje estaba de paso por un pueblo. Un hombre fue a verlo porque quería saber cómo podía alcanzar la divinidad. ¿Qué tenía que hacer?

El monje lo miró de arriba abajo, por dentro y por fuera, y le dijo:

–Me gustaría hacerte una pregunta antes de darte una respuesta. ¿Amas a alguien?

Ese hombre debía pensar que el amor era una descalificación en el camino espiritual, y contestó:

–No amo a nadie. Solo quiero alcanzar la realización.

El monje dijo:

–Vuelve a pensarlo, piénsalo en profundidad. Mira en tu interior. ¿Amas a tu mujer, a tus hijos, a tu familia y a tus amigos?

El hombre dijo:

–¡No! No amo a nadie porque quiero alcanzar la divinidad.

El monje se quedo en silencio y se le llenaron los ojos de lágrimas. El buscador, asombrado, le preguntó:

–¿Por qué lloras y te quedas callado?

El monje dijo:

–Si estuvieras enamorado de alguien, podría haber transformado tu amor en divinidad, pero en tu corazón no hay amor, por eso está cerrada la puerta.

En nombre de la religión, hay muchas enseñanzas que te dicen que no ames a nadie. Todas estas enseñanzas fortalecen tu ego. No te permiten alcanzar la autorrealización, porque la puerta es el amor.

¿Por qué tememos al amor? Seguramente por el simple hecho de que te puede aprisionar. Pero el amor solo te aprisiona si eres incapaz de compartirlo. Esto significa que lo que aprisiona es la falta de amor, y no el amor en sí. Si tu amor es muy pequeño, te atará. Lo que te ata es la falta de amor. Si tu amor no tiene límites, romperá todas las ataduras y se empezará a desbordar. Cuando es tan extenso como el cielo, el amor no tiene límites.

Por eso te pido que expandas tu amor, que lo extiendas, que no le pongas límites ni condiciones. Deja que siga expandiéndose, deja que vaya más allá de la persona a la que está dirigido. No debería detenerse ni pararse en ningún sitio. Lo que más temen las personas supuestamente religiosas es el miedo a quedarse en algún sitio. Pero si mi amor se detiene en algún lugar, es por mi culpa, no por culpa del amor. El amor se detiene porque el amante es superficial. Cuando una persona está en contra del amor, cada vez se vuelve más intolerante y superficial, y si tuviese alguna posibilidad de expandirse, la destruiría. Esta es la razón por la que la mente de las personas religiosas se vuelve tan intolerante. Cuando pierdes tu amor, solo puedes salvar tu ego.

Expande tu amor. Cuando tiramos una piedra a un lago, en el sitio donde cae la piedra se empiezan a formar ondas que van expandiéndose hasta la orilla, y se expanden hasta alcanzar orillas lejanas. De la misma manera, dondequiera que surja el amor y con quien quiera que surja, déjalo que fluya como estas ondas hasta alcanzar las orillas de la divinidad. Este tipo de amor se convierte en una oración, y entonces el amor mismo es una oración.

No te estoy diciendo que odies a tus padres, ni a tu mujer, ni a tus hijos; de hecho, no te estoy pidiendo que odies a nadie. Te pido que los ames tanto que no puedas contener ese amor, y entonces empiece a desbordarse. Ama hasta tal punto que el amor no se pueda contener y se desborde. Crea tanto amor dentro de ti, un amor tan infinito, que nada pueda contenerlo, excepto la existencia, porque solo lo infinito puede contener a lo infinito. Si el amor es infinito, nada que sea finito podrá contenerlo. El amor irá mucho más allá.

Sin duda, los demás recibirán tu amor, mucho amor. Estarán colmados de amor, pero el hecho de amarlos no se convertirá en un obstáculo para ti. Cuando el amor no se mueve y se queda estancado, es un obstáculo. Cuando el amor se queda estancado, se convierte en apego, en lujuria, pero cuando crece se convierte en oración. Recuerda que el amor estancado se convierte en apego, en lujuria, en una atadura. Sin embargo, cuando el amor fluye como una ola, se convierte en una oración, en divinidad, y se libera. El amor que crece sin cesar libera. Debería seguir creciendo hasta que no quede nadie que no puedas amar. Cuando llegue hasta ese punto, habrá una unión que es la verdadera unión. Es la unión con el todo.

Recuerda que lo que yo te propongo es que ames a tu ser y ames a todo el mundo. Nunca consideres que el amor está mal, solo observa que no deje de fluir. Pararse está mal, pero amar no está mal. La gente, sin embargo, no ha entendido el amor, y como no lo ha entendido, lo constriñe. No sabe que el amor que se constriñe se queda estancado. Cuanto menos se mueva, más sucio estará y más cerrado dentro de sí mismo se quedará. Cuando alguien retira su amor de todo el mundo, ¿qué puede ocurrir? Se quedará centrado en su ego. Cuando alguien retira su amor de todo el mundo, se establece en su yo, en su ego, en su yo, me, mí, conmigo. Esta es la distancia más grande que pueda haber entre *brahman* y yo. Estos son los dos puntos más distantes entre sí que hay en la existencia.

Cuando un hombre se queda paralizado en el «yo», se ahoga en el infierno. Su sufrimiento y su dolor no tienen fin. Su desdicha es infinita, su sufrimiento es infinito porque ha cerrado las puertas de la dicha. Estas puertas solo se abren con el amor. Se han cerrado para él las puertas de la belleza porque esas puertas se abren con el amor. Se han cerrado para él las puertas de la música porque solo se abren con el amor.

El amor es la llave de la verdad, de la bondad y de la belleza. Es la llave secreta. Las cosas más elevadas que hay en la vida se abren con el amor y se cierran con el ego. Efectivamente, el ego es otra llave, pero la única puerta que abre es la del infierno. Ten en cuenta que solo tenemos estas dos llaves, no hay más. Y ten en cuenta algo más: solo puedes tener una de las dos llaves a la vez. El plan de la existencia consiste en que solo puedes tener una de esas dos llaves. Solo quien esté dispuesto a renunciar a una de las llaves podrá tener la otra llave.

El amor es la llave, y no solo abre las puertas del corazón del ser humano, sino que también abre el corazón mismo, ya sea el corazón de una piedra, de una planta, de un animal o de la divinidad.

El amor del botánico Luther Burbank por las plantas es famoso. Gracias a su amor por las plantas, conseguía que le obedecieran. A las plantas que tenían espinas, les decía: «Amigas, no tenéis por qué tener miedo. No necesitáis protegeros con esas espinas. ¿No os basta con mi amor para protegeros?».

Y como respuesta al amor que les prodigaba, las plantas espinosas del desierto le hacían caso, y así es como consiguió obtener nuevas especies de plantas sin espinas.

Siempre que alguien le preguntaba cómo conseguía provocar un fenómeno casi imposible, él contestaba:

–A través del amor.

Yo quiero deciros que el amor vuelve posible lo imposible. De hecho, ¿qué hay más imposible que la divinidad? Sin embargo, también es posible gracias al amor. El amor no es imposible, es extremadamente sencillo. La verdad es que ya está dentro de todo el mundo y solo hay que desarrollarlo y expandirlo. Las semillas del amor están dentro de todos, pero solo unos cuantos tienen la suerte de llegar a las flores del amor. ¿Por qué? Porque no permitimos que el amor brote. Queremos amor, pero no lo damos. El amor no crece recibiéndolo, sino dándolo. El amor es un regalo incondicional. El que pueda dar este tipo de amor lo recibirá en abundancia y sin esfuerzo.

Si compartes el amor, generarás la capacidad de recibirlo y merecerás recibir amor. Entonces, cuanto más amor recibas, más podrás compartirlo con los demás. Y así van surgiendo capas y capas de amor, y el ser empieza a convertirse en amor y solo amor. Pero para alcanzar este tipo de amor hay que empezar por dar. Los que empiezan pidiendo ni siquiera podrán empezar. El amor es un emperador, no es un mendigo. De manera que el que lo pide nunca lo recibe, y, después de fracasar, cada vez le cuesta más darlo. Y, al mismo tiempo que aumenta su fracaso, también le resulta cada vez más difícil recibir amor.

Recuerda que el amor significa dar sin pedir nada a cambio. Borra la expectativa de querer recibir un regalo a cambio de tu amor. No es un negocio, solo es dar. La alegría del amor es intrínseca, no depende de recibir algo a cambio. El mero acto de dar te da tanta satisfacción que no se trata de recibir nada a cambio. Por eso, cuando alguien da amor, siempre se lo agradece a los que lo reciben.

Cuando puedes dar amor de una forma total e ilimitada, el ser desarrolla las alas que pueden llevarte a la divinidad. Amigo mío, abre las alas del amor y vuela por el cielo de la divinidad. Cuando tienes las alas del amor, la diferencia entre amigos y desconocidos desaparece, y lo único que queda es la divinidad. En la ausencia de amor, la gente tiene que vivir en la áspera tierra del ego, donde abundan las espinosas plantas del odio, la violencia y la ira. Pero después de obtener las alas del amor, ya no es necesario vivir en esta tierra. Entonces podrás volar al espacio donde reside la infinita e imperecedera belleza.

De modo que llénate de amor por todo el mundo y sin motivo alguno. Sé amoroso en todas tus actividades. Deja que el amor surja dentro de tu corazón, deja que sea tu respiración, tanto si estás despierto como si estás dormido. Entonces no tendrás necesidad de ir al templo, porque ya habrás alcanzado el templo. El amor es el templo, y todos los demás templos hechos de piedra son falsos. No es extraño que los que visitan los templos de piedra tengan un corazón de piedra. En los templos de piedra se habla del amor, pero se difunde el odio. Quizá el odio y la violencia se vistan de amor para esconderse.

Por eso, para mí el único edificio que se puede considerar un verdadero templo es el amor. Los templos se han inventado para que la gente no alcance el templo del amor. El diablo siempre está esforzándose para que esto no ocurra.

El templo es el amor, la verdadera escritura sagrada es el amor. Kabir dijo: «Cuando alguien es capaz de leer y entender la palabra *amor*, se convierte en un sabio». Es verdad que si alguien conoce el amor, ya no le quedará nada más por conocer. Habrá conocido todas las escrituras. Pero si alguien no conoce el amor, no habrá conocido nada. No hay mayor sabiduría, emoción y experiencia que el amor. Los ojos del amor leen todo lo que está escrito en cada hoja, en cada partícula, en cada onda. Amigos míos, la firma de lo divino está en todas partes.

¿De qué nos sirven los libros sagrados? ¿Qué nos van a dar? ¿A dónde te pueden llevar esas palabras? Las palabras escritas por los seres humanos obviamente no pueden llevarte más allá de las personas que las escribieron. Para ir más allá de todo lo humano, tienes que dejar a un lado al ser humano. Las palabras, las sagradas escrituras, las doctrinas creadas por los seres humanos son un obstáculo que no te permiten alcanzar lo supremo. Para alcanzar ese estado, tendrás que leer lo que es existencial y lo que se lee enamorado. Para leer las sagradas escrituras de los humanos, tienes que aprender los idiomas de los humanos, pero para leer el libro de la divinidad, tienes que aprender otro idioma, el idioma del amor. Para alcanzar lo supremo, tienes que aprender a amar.

La existencia está por todas partes. En la existencia, no hay nada que no sea divinidad, sin embargo, si no hay amor, no podrás verla ni experimentarla. En cuanto miras con los ojos del amor, se produce un milagro. Desaparece lo que veías y aparece lo que no podías ver. Y, a partir de ese momento, solo hay divinidad. Un hombre culto se puede perder, pero un amante encuentra lo que está buscando. Para un sabio que ha aprendido el alfabeto del amor, ahora todo es distinto.

No puedes adentrarte en la vida si no hay amor. El conocimiento solo da vueltas por la periferia, pero nunca da el salto. Esta distancia solo se puede salvar con el amor. El conocimiento no va más allá del cuerpo, sin embargo, el amor no se detiene hasta que encuentra el alma. Por eso, si no hay amor, todo conocimiento es incompleto e ilusorio. La sabiduría que encontramos en el amor es el único conocimiento verdadero.

¿Qué significa el amor? ¿Significa que alguien cante «amor, amor», igual que otros locos cantan «Rama, Rama» o «Krishna, Krishna»? No, amigo mío. Repetir palabras no te va a servir en modo alguno. Vive el amor, convierte tu vida en amor. El amor solo tiene sentido cuando se convierte en un sentimiento vivo.

Deja que la energía del amor esté viva dentro de ti. No permitas que una oportunidad de amar te encuentre dormido. No desaproveches ninguna ocasión de amar. Tu amor debería responder a todas las invitaciones. Si no hay una invitación, incluso entonces, el amor debería fluir como una lámpara que emana luz o una flor que esparce su perfume. Su flujo silencioso y continuo siempre debería estar presente.

Cuando el amor palpita en el aire, todos los obstáculos desaparecen y el camino queda despejado, igual que el discurrir constante del agua hace que se fundan las rocas.

Evidentemente, hay muchos obstáculos en el camino del amor, hay duras piedras, pero el poder del amor es infinito. Deja que se ponga en marcha ese poder ilimitado, deja que se active. Su forma de trabajar es lenta y silenciosa, pero con su callada actividad hace desaparecer rocas gigantes y las convierte en arena. El ruido es una señal de debilidad, ya que los grandes poderes siempre trabajan en silencio. Siempre trabajan calladamente. La creatividad de la existencia es muy silenciosa y tranquila, y trabaja sin ser vista.

Amigo mío, te ruego que le des una oportunidad al amor para que te pueda transformar radicalmente. La alquimia del amor puede regalarte un nuevo nacimiento, un nacimiento en el que no habrá muerte. El amor no conoce la muerte, por eso es tan intrépido frente a ella.

En la revolución de 1857 había un *sannyasin* que había hecho voto de silencio y había dejado de hablar. Los británicos, pensando que era un agente secreto o un espía de la lucha por la independencia, le atacaron con sus bayonetas.

El *sannyasin* llevaba muchos años sin hablar, pero ahora se rio y dijo: «*Tatvamasi*, tú eres eso. Tú también eres divino». Se lo dijo al hombre que le había herido de muerte con su bayoneta, y, cuando lo dijo, es como si hubiera abrazado a su asesino. En el momento de morir, sus ojos estaban llenos de amor y gratitud. Se había vaciado a sí mismo de sí mismo y de sus palabras, pero había llenado su corazón de amor. Por eso, cuando la bayoneta le atravesó el corazón, su amor reventó de abundancia. Su corazón no solo había estado callado durante diecisiete años, sino que, al mismo tiempo, se había llenado de amor. Se había convertido en un río de amor. Esto explica que no pudiera considerar como un asesino a su enemigo. El amor lo convirtió en su amigo, y convirtió su muerte en una liberación.

El amor transforma la oscuridad en luz. ¿Hay algo más mágico que el amor? No, no hay nada más mágico que el amor, ni hay ningún milagro mayor que el amor. El amor lo trasforma todo, porque transforma nuestra visión, y nuestra visión crea nuestro universo, nuestra visión es nuestro mundo. De ahí que todo cambie de acuerdo a nuestra visión. Si nuestra visión está llena de amor, el amado está en todas partes, pero, si no hay amor, habrá enemigos en todas partes. Si hay amor, hay divinidad, si no hay amor, no hay divinidad.

Ya os conté la historia de un viajero que llegó a un pueblo una mañana muy temprano. Sentado junto a la puerta de entrada del pueblo, había un anciano. El visitante le preguntó:

–¿Te puedo preguntar cómo son los habitantes de este pueblo? Me gustaría quedarme aquí porque he dejado mi pueblo.

El anciano lo observó un momento, y dijo:

–¿Te puedo preguntar cómo eran los habitantes del pueblo que acabas de dejar?

En cuanto oyó la pregunta, los ojos del viajero empezaron a lanzar ráfagas de odio y de rabia, y dijo:

–Me enfado solo acordándome de ellos. Ni me los menciones. Me he tenido que ir del pueblo por su culpa. En ningún sitio encontrarás a gente peor que esa.

El anciano dijo:

–Lo siento mucho por ti, pero los habitantes de este pueblo no son mucho mejores. Son gente mala, como esa. Es mejor que busques otro sitio para vivir.

Detrás de él llegó otro viajero que le preguntó al anciano cómo eran los habitantes de ese pueblo. Quería vivir allí porque tenía que irse de su pueblo.

El anciano le dijo:

–Antes de decirte nada, me gustaría saber cómo eran los habitantes del pueblo que has dejado.

El viajero dijo:

–Oh, no me hagas esa pregunta. –Se le empañaron los

ojos al acordarse de ellos–. No he visto nunca gente con un corazón tan grande, pero me he tenido que marchar por las circunstancias.

El anciano dijo:

–Ven cuando quieras, eres bienvenido. Verás que los habitantes de este pueblo son aún mejores que los del otro pueblo. Aquí también hay gente muy buena. –Y continuó diciendo–: Siempre serás bienvenido en cualquier pueblo, y en todas partes encontrarás gente mejor que la de tu pueblo.

El mundo depende de tu visión del mundo. El mundo en sí no es nada, solo es nuestra forma de verlo. Si tienes una visión amorosa, habrá corazones amorosos vibrando en todas partes. Y el día que sientas a todo el mundo pulsando con amor, sabrás que has alcanzado la divinidad. Alcanzar ese espacio no significa ver al Señor Rama ahí de pie, con su arco y su flecha, o a Krishna tocando su flauta. Alcanzar la divinidad no significa que haya un anciano de barba gris controlando el universo. Alcanzar la divinidad significa experimentar ese espacio donde el mundo no está constituido de materia, sino de divinidad. No es un objeto, es energía. Alcanzar la divinidad significa experimentar la dicha absoluta. Alcanzar la divinidad significa alcanzar la verdad, la belleza y la inmortalidad.

La divinidad en sí no es una cosa, es una experiencia. La divinidad es dicha, es un océano infinito de dicha. Pero antes de llegar a ese océano, tienes que experimentarlo dentro de ti.

He hablado de dos claves para llegar a ese espacio. La primera es amarte a ti mismo y la segunda es amar a los demás. Y ahora vamos a contemplar una tercera clave. La tercera clave es amar la existencia. Antes de alcanzar este estado, deberás trascender las dos primeras claves. Cuando trasciendas la primera, llegarás a la segunda, y cuando trasciendas la segunda, eso te llevará a la tercera. En tercera etapa, habrás trascendido las otras dos claves.

En la primera clave, has aceptado que «yo soy». No es verdad, pero es un hecho. Es el hecho más importante de la ignorancia. No podemos escaparnos de esto, pero sí podemos despertar. Los que intenten escapar se darán cuenta de que siempre está con ellos porque no puedes escaparte de tu propia sombra. Si huyes, te seguirá. Por eso debes aceptar el «yo soy», para buscar luego el amor.

Cuando aumente el amor, el «yo soy» desaparecerá. Cuando alguien acepta las sombras y busca la luz, se libera de toda clase de sombras. La relación entre la sombra y la luz es la misma que hay entre el ego y el amor. A medida que entra la luz del amor, la oscuridad del ego desaparece. Aceptar el «yo» da origen al otro. Yo soy yo, por eso, el otro es el otro. Esta es la razón por la que, bajo la luz del amor, desaparece el sentimiento del otro. Y, en última instancia, solo queda el amor. Ni tú ni yo, solamente el amor. Yo llamo a este estado de amor, amor por la existencia. No es el amor por alguien en concreto ni fluye hacia alguien. Solo es. A ese estado de amor puro, lo denomino amor por la totalidad.

¿Qué significa tener amor por la totalidad? Amor por la totalidad significa romper la ilusión de que yo soy algo, de pensar que existo. No puede haber nada más falso que eso. No existes en absoluto, no existes como persona.

La respiración entra en mi interior y sale. Si creo que *yo* soy el que respira, me estoy equivocando. El día que no entre la respiración, ¿qué absorberé? Si creo que yo soy el que vive, me equivoco. El día que desaparezca la vida de mi interior, ¿podré seguir aquí con vosotros un solo instante? Creo que he nacido, pero me equivoco, y creo que me moriré, pero también me equivoco. No he nacido ni moriré. La respiración no es mía ni tengo control sobre ella. La vida no es mía y la muerte tampoco. Hay otra persona jugando dentro de mí; hay otra persona hablando dentro de mí; hay otra persona caminando por medio de mí. Hay otra persona que nace dentro de mí y que desaparece de mi interior y se va.

Yo solo soy el terreno, el terreno de juego donde alguien viene y se va. Solo soy la flauta con la que alguien toca. Kabir dijo: «Solo soy el bambú hueco de la existencia, y todas las canciones de amor pertenecen a la totalidad». No es difícil darse cuenta ni entenderlo para trascender así los dos primeros peldaños. Es fácil, es extremadamente fácil.

En este mundo no hay nada que sea una «persona». Todo lo que hay es colectivo, es en grupo. Aquí nadie está separado. La respiración que considero mía ha pertenecido a millones de personas. Y la respiración que exhalo irá a través de millones de personas más. Las partículas que se han unido para conformar este cuerpo han estado en un sinnúmero de cuerpos. ¿Cómo pueden ser mías? Y después, cuando deje este cuerpo, volverán a pertenecer a infinidad de personas. Ahora mismo, mientras todavía estoy en este cuerpo, el cuerpo no está estático, va cambiando todos los días. Cada día tomas partículas nuevas y te deshaces de las viejas. Las partículas que estás tomando, provienen de otros cuerpos. Mi cuerpo ha vivido en miles y millones de seres, y seguirá haciéndolo en el futuro. ¿Cómo puedo considerarlo mío? La mente tampoco es mía porque las partículas del pensamiento vienen y van, igual que las partículas físicas. Nada es mío.

Esta sensación de que nada es mío es el principio del amor por la existencia. Cuando me doy cuenta de que nada es mío, esta sensación va profundizando cada vez más, hasta que un día me doy cuenta de que, si nada es mío, ¿cómo puedo yo existir? ¿Cómo puedo existir si nada es mío?

La sensación de que algo es mío va creando lentamente la ilusión de que «yo soy». Por eso nos gusta tanto poseer. Cuanto más grande sea mi casa, más importante seré. Cuanto más alta sea mi posición, más importante seré. Cuanto mayor sea mi riqueza, más importante seré. Cuanto mayor sea mi autoridad, más importante seré.

¿Por qué? Porque, a medida que van aumentando los objetos, aumenta, al mismo tiempo, mi ego. Poseer hace que mi ego aumente. El «yo» crece al mismo tiempo que el «mío». Mi límite es el límite de lo mío. Cuando se desmonta la ilusión del «mío», también se desmonta el sistema que sostiene al «yo». Si nada es mío, ¿dónde estoy? Me voy marchitando. No tengo sustancia, me convierto en cero.

La gente me suele preguntar: «¿Deberíamos alejarnos de las posesiones y renunciar a ellas para que se desmonte la ilusión del "yo"?». No, no se trata renunciar o no renunciar a las posesiones. La verdadera cuestión es el sentimiento de poseerlas. Ese sentimiento puede permanecer incluso después de haberte deshecho de ellas. Cuando renuncias, sigue teniendo ese sentimiento, por eso los supuestos renunciantes siempre cuentan las cosas a las que han renunciado. Y el valor de su renuncia depende del precio de las posesiones a las que han renunciado.

Una vez me contó un monje que había regalado millones de rupias. Y yo le pregunté: «¿Cuándo las regalaste?». Él me dijo: «Hace unos treinta años». Eso me hizo reír, y le dije: «Creo que no has dado lo suficiente, si no, ya te habrías olvidado de que renunciaste a esos millones».

De modo que no se trata de renunciar, sino de entender. Renunciar sin entender fortalece tu ego. Pensar «estas cosas son mías» es un error. Los objetos no tienen la culpa, el error es considerarlos tuyos.

Este error tiene dos formas. Una es la de cometer excesos, como cuando alguien dice: «Son míos y los voy a disfrutar». Y el otro es la renuncia, cuando una persona dice: «Son míos y renuncio a ellos». En ambos casos piensan que los objetos son suyos. Y la realización es el tercer paso, cuando una persona dice: «Sea lo que sea, pertenece a la totalidad. Todo pertenece a la existencia, no es ni mío ni tuyo. Ni nosotros mismos nos pertenecemos. Yo no existo en absoluto. El creer que "yo soy" es una ilusión. Todo sucede, y yo soy parte de ese suceso, pero solo soy una parte».

Si te das cuenta de esto y lo recuerdas, tu vida será como el aire y el agua, sencilla y natural. Solo este tipo de vida es una vida de renuncia, solo este tipo de vida es una vida de amor.

Una existencia amorosa quiere decir olvidarse del ego. El místico hindú Maluk, dijo: «La serpiente pitón no está al servicio de nadie y los pájaros no tienen que trabajar. La existencia provee para todo el mundo».

Esto siempre se ha malinterpretado. La gente cree que Maluk estaba diciendo que no había que trabajar, pero no estaba diciendo eso. Los pájaros trabajan día y noche: construyen sus nidos, buscan comida, lo hacen todo. Sin embargo, según Maluk, eso no es «trabajo» para ellos porque no se dan cuenta de que existen. No tienen el sentimiento «yo soy».

Deberías trabajar sin sentir que «yo soy». No debería haber posesividad, no debería haber un sentido de lo mío. A medida que se desarrolla este sentimiento, aumenta el amor existencial. El día que este sentimiento sea total y sientas que «yo no soy», habrás alcanzado el punto de la revolución del que te he hablado.

> Hay una canción sufí donde un enamorado llama con fuerza a la puerta de su amada, y una voz le pregunta:
>
> –¿Quién eres?
>
> El hombre dice:
>
> –Tu enamorado.

En la habitación hay silencio y no contesta nadie. Vuelve a llamar a la puerta.

–Contéstame. Parece como si la casa estuviese vacía, como si no hubiera nadie.

Alguien contesta:

–Vete. En esta casa no hay sitio para dos.

El enamorado vuelve a su casa. Pasan muchos años. Llueve, llega el verano, vuelve el invierno, y se suceden muchas lunas. Se suceden muchos días.

Entonces, el enamorado vuelve otra vez y llama a la puerta. Desde el interior le preguntan:

–¿Quién eres?

El enamorado dice:

–Ahora solo soy tú.

Según esta canción, las puertas cerradas del amor se han abierto. Si a mi me hubiesen cantado esta canción, no habría abierto la puerta tan pronto, porque me parece que el pensamiento «eres tú» implica la presencia de un «yo». Yo habría vuelto a ignorar al enamorado. Mi historia seguiría un poco más; en el momento en que él dice «eres tú», habría vuelto a haber un silencio. Y al no haber respuesta, él diría: «Ahora abre la puerta. Yo ya no existo, solo tú existes».

La enamorada le habría respondido desde el interior. Cuando alguien es consciente de que está solo, también sabe que existe el otro. Cuando alguien es consciente de uno, también es consciente de dos. Cuando alguien recuerda el «tú», también recuerda el «yo». Y en esta casa solo hay sitio para una persona.

Yo habría mandado al enamorado otra vez a casa. Y habría habido un nuevo ciclo de lluvia, verano, lunas crecientes y menguantes, amaneceres y atardeceres. Entonces, el enamorado ya no vuelve porque se ha olvidado de que tenía que ir a algún sitio. Finalmente, su enamorada va a verle y le dice: «Ven, amor mío. Ahora las puertas están abiertas».

En cuanto desaparece el «yo», también desaparece el «tú». Y solo queda lo que es –lo que realmente es–, que es lo que se busca. Después de desaparecer el tú y el yo, lo que queda se llama divinidad. Lo que queda es la realidad que se renueva eternamente, donde no existen el yo ni el tú. Es la existencia sin principio ni fin, es el océano de conciencia llamado divinidad. Lo puedes conocer, puedes vivir en él, puedes estar en él. Todos estamos en él.

Estamos en él, vivimos en él, pero no nos damos cuenta. No lo conocemos, no lo recordamos porque estamos llenos de nosotros mismos y no tenemos espacio para que pueda entrar. Estamos tan llenos de ego que no podemos convertirnos en nada.

Solo alguien que está vacío y sin ego puede llenarse de la nada. Quédate vacío, vacío y sin ego.

Os he dado tres claves para poder realizarlo. Cuando una persona se sumerge en el amor, se hunde en el vacío. Avanza hacia el amor paso a paso. Disuélvete en el amor gota a gota. Y, por último, desaparece como una gota en el océano sabiendo que, al perderse la gota, se convierte en el océano.

Sobre el autor

Las enseñanzas de Osho desafían toda clasificación y lo abarcan todo, desde la búsqueda individual de sentido hasta los más urgentes temas sociales y políticos de la sociedad actual. Sus libros no han sido escritos, sino transcritos a partir de grabaciones de audio y vídeo de las charlas improvisadas que ha dado a una audiencia internacional. Como él mismo dijo: «Recuerda: todo lo que digo no es solo para ti..., hablo también a las generaciones del futuro». El *Sunday Times* de Londres ha descrito a Osho como uno de los «mil artífices del siglo XX», y el autor norteamericano Tom Robbins le ha calificado como «el hombre más peligroso desde Jesucristo». Acerca de su propia obra, Osho dijo que ayuda a crear las condiciones para el nacimiento de un nuevo tipo de ser humano. Solía tipificar a este nuevo ser humano como «Zorba el Buda», capaz de disfrutar de los placeres terrenales como un Zorba el Griego y, también, de la silenciosa serenidad de un Gautama el Buda. Discurriendo como un hilo conductor, a lo largo de la obra de Osho hay una visión que abarca la sabiduría eterna de Oriente y el potencial más elevado de la ciencia y tecnología occidentales.

Osho también es famoso por su revolucionaria contribución a la ciencia de la transformación interior, con un enfoque de la meditación que tiene en cuenta el ritmo acelerado de la vida contemporánea. Sus incomparables Meditaciones Activas están diseñadas para, en primer lugar, liberar las tensiones acumuladas en cuerpo y mente, de manera que resulte más fácil experimentar el estado relajado y libre de pensamientos de la meditación.

Sobre el autor existe una obra autobiográfica disponible: *Autobiografía de un místico espiritualmente incorrecto* (Kairós, 2001).

OSHO International Meditation Resort

Ubicación: situado a ciento cincuenta kilómetros al sureste de Mumbai en la moderna y floreciente ciudad de Pune, India, el Osho International Meditation Resort es un destino vacacional diferente. Se extiende sobre dieciséis hectáreas de jardines espectaculares en una magnífica área residencial rodeada de árboles.

Originalidad: cada año, el Osho International Meditation Resort da la bienvenida a miles de personas provenientes de más de cien países. Este campus único ofrece la oportunidad de vivir una experiencia personal directa de una nueva forma de vida: con mayor sensibilización, relajación, celebración y creatividad. Ofrece una gran variedad de opciones y programas durante todo el día y durante todo el año. ¡No hacer nada y simplemente relajarse es una de ellas!

Todos los programas están basados en la visión de Osho de «Zorba el Buda», una clase de ser humano cualitativamente diferente que es capaz tanto de participar de manera creativa en la vida diaria como de relajarse en el silencio y la meditación.

Meditaciones: un programa diario completo de meditaciones para cada tipo de persona, que incluye métodos activos y pasivos, tradicionales y revolucionarios, y, en particular, las Meditaciones Activas OSHO. Las meditaciones se llevan a cabo en lo que debe de ser la sala de meditación más grande del mundo: el Osho Auditorium.

Multiversity: las sesiones individuales, cursos y talleres lo abarcan todo: desde las artes creativas hasta la salud holística, transformación personal, relaciones y transición de la vida, el trabajo como meditación, ciencias esotéricas, y el enfoque zen de los deportes y el esparcimiento. El secreto del éxito de la Multiversity reside en el hecho de que todos sus programas se combinan con la meditación, que confirma el enfoque de que como seres humanos somos mucho más que la suma de nuestras partes.

Cocina: hay una gran variedad de áreas para comer donde se sirve deliciosa comida vegetariana occidental, asiática e hindú, la mayoría cultivada de forma orgánica especialmente para el Osho International Meditation Resort. Los panes y pasteles también se hornean en la panadería del centro.

Vida nocturna: por la noche hay una amplia variedad de eventos donde escoger, y bailar ¡es el número uno de la lista! Otras actividades incluyen meditaciones con luna llena bajo las estrellas, espectáculos de variedades, interpretaciones musicales y meditaciones para la vida diaria. O simplemente disfrutar conociendo gente en el Café Plaza, o caminar bajo la serenidad de la noche por los jardines de este escenario de cuento de hadas.

Instalaciones: puedes adquirir todo lo que necesites, incluidos artículos de aseo, en la Galería. La Galería Multimedia vende una amplia gama de productos multimedia OSHO. El campus dispone de banco, agencia de viajes y cibercafé. Para aquellos que disfrutan de las compras, Pune ofrece todas las opciones, que van desde los productos hindúes étnicos y tradicionales hasta todas las tiendas de marca mundiales.

Alojamiento: puedes elegir hospedarte en las elegantes habitaciones de la OSHO Guest House o, para permanencias más largas, puedes optar por uno de los paquetes del programa Living-in. Además, existe una abundante variedad de hoteles y apartamentos en los alrededores.

www.osho.com/meditationresort
www.osho.com/guesthouse
www.osho.com/livingin

Más información

www.OSHO.com

Un amplio sitio web en varias lenguas, que ofrece una revista, libros, audios y vídeos OSHO y la Biblioteca OSHO, con el archivo completo de los textos originales de Osho en inglés e hindi, y una amplia información sobre las meditaciones OSHO. También encontrarás el programa actualizado de la Multiversity OSHO e información sobre el OSHO International Meditation Resort.

Para contactar con **OSHO International Foundation** dirígete a:
www.osho.com/oshointernational
oshointernational@oshointernational.com

Visita además:
http://OSHO.com/AllAboutOSHO
http://OSHO.com/Resort
http://www.youtube.com/OSHOinternational
http://www.twitter.com/OSHO
http://www.facebook.com/pages/OSHO.International
http://www.facebook.com/OSHOespanol

Otras obras de Osho publicadas en la Editorial Kairós:

El ABC de la iluminación
Libro de la vida y la muerte
Autobiografía de un místico espiritualmente incorrecto
Música ancestral en los pinos
La sabiduría de las arenas
Dang, dang, doko, dang
Ni agua, ni luna
El sendero del yoga
El sendero del zen
El sendero del tao
Dijo el Buda...
Guerra y paz interiores
La experiencia tántrica
La transformación tántrica
Nirvana, la última pesadilla
El libro del yoga I y II
El verdadero nombre
Meditación para gente ocupada
En busca de la paz
Silencio
El camino perfecto
El sutra del diamante

Accede a las OSHO Talks con tu *smartphone*

En la página siguiente encontrarás un código QR que te enlazará con el Canal OSHO Español en YouTube, donde podrás acceder a una amplia selección de avances de charlas originales de Osho (OSHO Talks), vídeos sobre meditaciones, entrevistas y misceláneas relacionadas con el mundo de OSHO, seleccionadas para proporcionarte una muestra de la obra y la visión de este místico contemporáneo. Todos estos vídeos han sido subtitulados en castellano y los puedes visualizar seleccionándolos en el visor.

Osho no escribía libros, sino que hablaba en público, creando con ello una atmósfera de meditación y transformación que permitía que los asistentes vivieran la experiencia meditativa. Aunque las charlas de Osho son informativas y entretenidas, no radica en ello su propósito fundamental. Lo que Osho buscaba era brindar a sus oyentes una oportunidad de meditar, de experimentar el estado relajado de alerta que constituye la esencia de la meditación.

Esto es lo que Osho dijo acerca de sus charlas:

> «Mi motivo principal para hablar ha sido darle a la gente una muestra de la meditación; así que puedo seguir hablando eter-

namente, no importa lo que esté diciendo. Lo único que importa es proporcionarte algunas oportunidades de estar en silencio, cosa que, al principio, te resultará difícil».

«Estos discursos son los cimientos de tu meditación».

«Te estoy haciendo consciente de los silencios sin ningún esfuerzo por tu parte. Estoy usando mi forma de hablar como una estrategia para que, por primera vez, conozcas el silencio».

«Yo no hablo para enseñarte algo; hablo para provocar algo en ti... Esto no es una conferencia; simplemente es una estrategia para que te quedes en silencio, porque hacerlo tú solo te resultará muy difícil».

Si no dispones de un *smartphone*, también puedes visitar este enlace: https://bit.ly/OSHOTalks_SpanishList

Si quieres seguir disfrutando de las OSHO Talks subtituladas en español en formato íntegro, en este momento cuentas con estas dos opciones: OSHO TV, parte del programa Premium en iOSHO (www.osho.com), y el programa de meditación OSHO Talks en la plataforma Televisión Consciente (www.television consciente.com), ambas disponibles en todo el ámbito latino.